LIVRET

des Emblemes/ de maistre Andre Alciat/ mis en rime francoyse/ & presente a monseigneur Ladmiral de France.

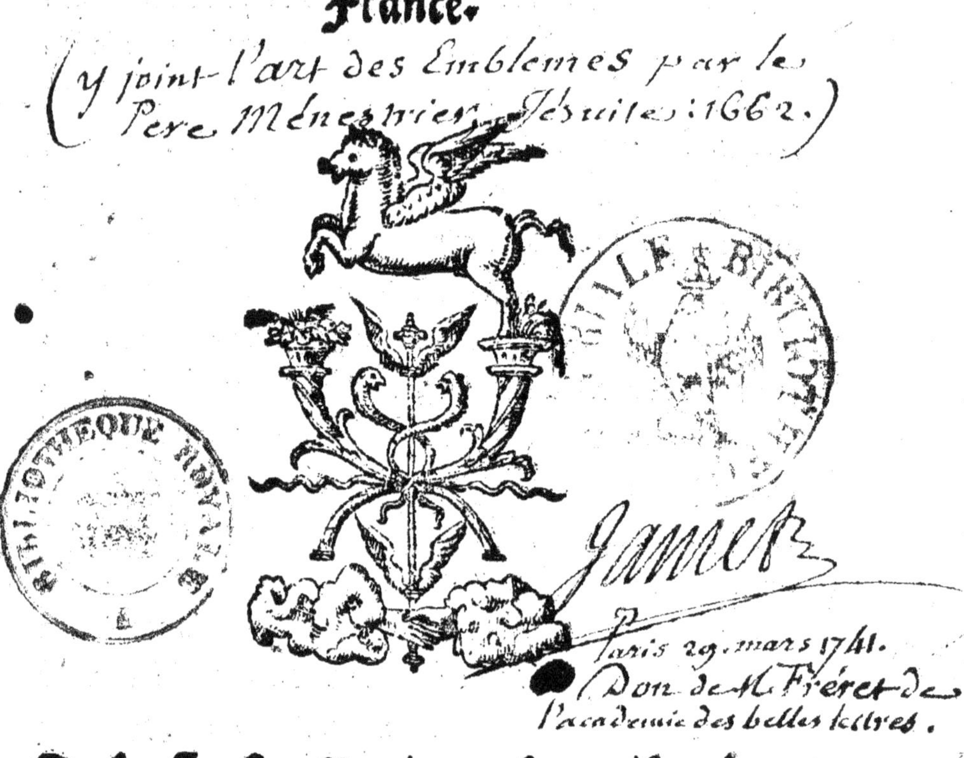

On les vend a Paris/ en la maison de Chrestien Wechel/ demeurant en la rue sainct Jaques/ a lescu de Basle.

M. D. XXXVI.

REVERENDO IN CHRISTO PATRI D. PHILIBERTO

Baboo Angolismen. Antistiti, Domino suo & patrono omnibus modis obseruando, Christianus Wechelus S. D.

APud Aegyptios morem fuisse legimus Antistes reuerende, ut singuli uitæ suæ rationem destinato magistratui probarent, existimantes reipublicæ plurimùm interesse, ut omnes in officio essent. Quod cùm ego in animo cogitationeq; uersarem, circumspicere cœpi, si quam mihi uiam ipse communire possem, qua & uitam honestè tuerer, & mei usum aliquem Reipub. adferrem. Delegi itaque ex tanta exercitationum uniuersitate artem excudendorum librorum, quam paßim incultam & penè abiectam iacere uidebam. Vanus sim, nisi id quàm plurima autorum monumenta, Typographorum incuria miserè contaminata palàm testentur. Testis & hic And. Alciati Emblematum libellus, qui superioribus annis, idque autoris iniussu, tam neglectè, ne quid grauius addam, apud Germanos inuulgatus fuit, ut illius minuendæ existimationis ergo, à maleuolis quibusdã id fuisse factum, plurimi interpretarentur. Quam ob rem mearum partium esse putaui, ut noua editione, & lectoribus consulerem, & notam D. Alciato negligentiæ prioris inustam, quantum in me quidem esset, eluerem.

Quanquam

Quanquàm autem Alciatus inuitus fecit, ut studiorum suorum tyrocinia in manus hominum emitteret, quoniam tamen opus semel aliorum temeritate excusum, supprimere uix erat integrum, facile ab eo impetraui, ut ad limam reuocaret, & foetum illum immaturum informemq́; ursi instar, lambendo conformaret. Mendas itaq; quibus scatebat undiq;, sustulit, plurima etiam retractauit & correxit, addidit item non pauca, ut eo autore, nunc demum liber prodire uideatur. Quod ad me attinet, pro uiribus contendi, ne in formandis iconibus, quæ sane ut in eo libello quàm plurimæ sunt, neque laborem me ullum, neque impensas subterfugisse quisquam iure obijcere queat. Sub cuius uerò auspicijs potius quàm tuis, Philiberte Antistitum decus, libellum hac παλιγγενεσίᾳ renatum emitterem, alium habebam neminem: quòd scirem nihil ex Alciati officina proficisci, quod idem tu non inter κειμήλια & uelut in sanctius aliquod ærarium reponendum existimes. Velis igitur Antistes reuerende, pro singulari tua humanitate hunc nostrum laborem benignè suscipere. Quod si feceris, multo me in posterũ alacriorem reddideris, ut alios quoque autores quàm plurimos ex altißimis mendarum tenebris in suum splẽdorem nostra opera educantur. Bene uale, & me inter illos esse, uelim tibi persuadeas, qui nominis tui & dignitatis sunt studiosißimi, ut alia desint omnia. Lutetiæ ex officina nostra typographica. Anno M. D. XXXIIII.

A treshault & puissant seigneur/ Monseigneur messire Philippe Chabot/ cheualier de lordre/ Conte de Burancoys & Charny. Baron Daspremõt/ de Paigny/ & de Myrebeau/ seigneur de Bryon/ de Beaumont & de Fonteine-Francoyse. Admiral de France/ Bretaigne & Guyẽne. Gouuerneur & lieutenãt general pour le Roy en Bourgõgne/ aussi lieutenãt general pour monseigneur le Daulphin/ ou gouuernemẽt de Normãdie. Jehã le feure secretaire de monseigneur reuerẽdissime Cardinal de Giury/ Dit humble salut.

SIl est ainsi hault et puissant seigneur que aucunesfoys lõ trauaille a faire ieux publiques pour esioyr & consolatier les habitans dune ville/ sans quon saiche a qui lon sesforce cõplaire. Cest chose biẽ iuste/ q̃ la ou noꝰ congnoissons le chef de nostre prouĩce aggraue de soucyz pour le pays/ trauaille de labeurs continuelz pour le biẽ du peuple: & par ce souuẽt sepa re de sa sante ordinaire: no⁹ mettiõs noz effors en ouuraige/pour dresser chose qui luy complaise/partie par comedies ligieres/partie par matieres graues & sentences dignes de celluy a qui la recreation est aprestee: affin que les ioyeux propos coustumiers de effacer tristesse/puissẽt maītenir sa virilite suyuãt le dire de Salomon/ & les graues sentences se sachent accommoder a sa seuere prudẽce tresutile a tous ceulx de son gouuernement. A ceste cause mõ treshonore seigneur/pour aucunemẽt restituer ce que ie vous dois en seruice/ et satisfaire au relief de vostre recreation(q̃ le grant poix des affaires du royaulme tient en surseance)iay ause employer quelques iours a reduire en frãcoys vng petit liuret/lequel ie nõme selon son premier tiltre/ Les Emblemes ou les Marqteurs de maistre Andre Alciat homme qui tiẽt pleine iurisdiction es sciences/ & qui nest pas moins luysant par la doctrine legale que par les sciences humaines/selon que

 assez

+ lisez, a dressés, (instruits enseignés, formés.)

assez le vous a insinue son renom / & a la re-lation tant de ceulx que son erudition a-dressay / que aultres gens de riche estude / dont vostre maison & famille est decoree. Il peult aduenir que mon occupation se treuuera menue a la comparaison de ce q̃ vous apartient : mais iay ainsi choisy pour ceste fois / au moyen de ce q̃ plusieurs gentilz hommes de la court se delectẽt nõ seullement a faire paindre : ains a faire ef-figier de orfauerie diuersitez de ymages / quilz nomment deuises / y adioustãs quel-q̃s sentẽces propres & cõsonãtes. A quoy ma semble ce present liuret estre trescõfor-me / & dõt ma hardiesse a cueilly occasion de le faire cõparoir pardeuãt vous. Tou-tesfois si ce petit besoigne se treuue debile-ment pourueu dauctorite pour assister soubz vostre lecture / il pourra paruenir deuant ma Dame vostre treschiere amye & espouse : laquelle (ainsi que promet mon espoir) conuertira sa bonne grace deuers quelq̃ fueillet de ce liure Car il est au iour

dhuy

dhuy chose tant desdaignee entre les hommes/que nayt sa portiō daornemēt ou de vtilite:ce q̄ nature a prouidemment voulu affin que les choses de petite extime ne perdissent leur estre/ou fussent effacees de la souuenance des hommes. Je pense biē quil sera veu par plusieurs personnaiges qui obtiennent meilleure place que moy en toute facon descripre/& qui plus heureusement eussent mis la main a mon entreprise/cōme mieulx appelez/& de plus long tēps/a dresser propos de francoyse eloquēce. Parquoy ie me declare prest a souffrir leur lime/& patiemment recepuoir leur correction:soubz laquelle ie confesse ia/que ie nay pas tousiours garde litegrite de chascun polistique ou epigramme/en rendāt parolle pour parolle:ains me suys ꝯtēte/ suyuant la doctrine de Horace*/de exhiber largument diceulx:& ce/ainsi prochainement que les vers dune langue veullent souffrir estre trāsportez a vers daultre lāgaige. Ce q̄ nay peu faire icy precisement/

 pource

* Nec verbum verbo curabis reddere, fidus Interpres. De Arte poetica, v. 133.
O imitatores, servum pecus..! id. L. 1. Epist. 19.

pource que iay travaille de tousiours ob
server le nombre de huict vers: et il est no
toire que le distique de la fertile langue la
tine surpasse trois vers francois du cō
mun gendre: laquelle exuberance ma rap
porte obligation prohibitiue de plus fort
aprocher le texte. Qui est cause que soubz
le priuilege des licēces poetiques/iay vse
dobtruncation et habundance/ selon le be
soing. Ce que presentement ie metz entre
voz munifiques mais/auec loffre de mes
hūbles seruices. Affin que vous puissez
asseoir vostre sain iugement sur les gran
des differēces estās entre celluy qui hūble
ment desire scauoir/ et celluy qui scait dont
lon emprūte les matieres de cōstruction.
Et si loeuure vo9 est aggreable/ce me sera
vng esperon pour faire plus grant effort
a vous complaire/selon que ie dois/ et que
len ay bōne affection/comme scait nostre
seigneur. Auquel ie fais prieres vous dō
ner prospere et longue sante au magnifi
que estat ou il vous a constitue.

Lacteur des translations.

Celui e pour vng peu de vent/
Sen voulut vng iour envoler:
Je luy mys la main au deuant
En disant/ou veulx tu aller:
Cest folye te mettre a lair/
Quant encor tu na de ame adueu:
Assez mest)respons son parler)
Si dire puys/monsieur ma veu.

CLARISSIMI VIRI
D. ANDREAE ALCIATI
in libellum Emblematum Praefatio, ad D. Chonradum Peutingerum Augustanum.

Dum pueros iuglans, iuuenes dum tessera fallit,
Detinet & segnes chartula picta uiros,
Hæc nos festiuis Emblemata cudimus horis,
Artificum illustri signaq; facta manu.
Vestibus ut torulos, petasis ut figere parmas,
Et ualeat tacitis scribere quisq; notis.
At tibi supremus preciosa nomismata Cæsar,
Et ueterum eximias donet habere manus.
Ipse dabo uati chartacea munera uates,
Quæ Chonrade mei pignus amoris habe.

La preface au liuret des bigarreures du luysant homme Andre Alciat/ faicte a maistre Conrad Peutingre de Auspurg.

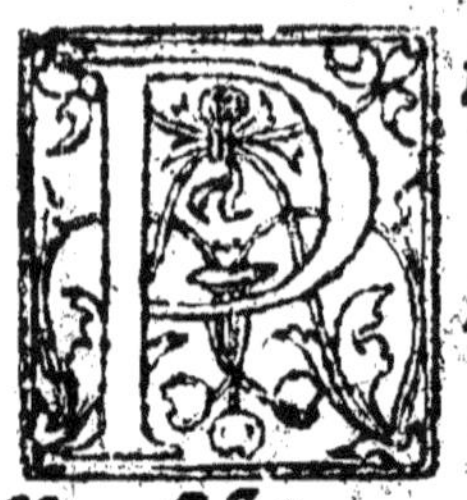

Pendant que enfans au ieu de noix se amusent/
Et les plusgrands souuent aux dez se abusent/
Pendãt que aulcuns aux cartes perdent temps.
Iay dresse (selon ce que ientends)
Quelques propos cõposez par histoires/
En quoy ie rends voyes a tous notoires
Cõme ilz pourrõt p seulz signes biẽ dire/
Et maintz bons motz / sans lettre faire escripre:
Quõ peult poser en signeaulx & doreures
Et escuz/ bonnetz/ & en aultres pareures:
Pour maintenant cy tel present rendons/
Laissãs aux Roys les groz p̄sens & dõs
Donques Conrad / prends de mamour ce gaige.
Vng poete a tous ses dons en langaige.

Ad illust. Maximil. ducem Medio.

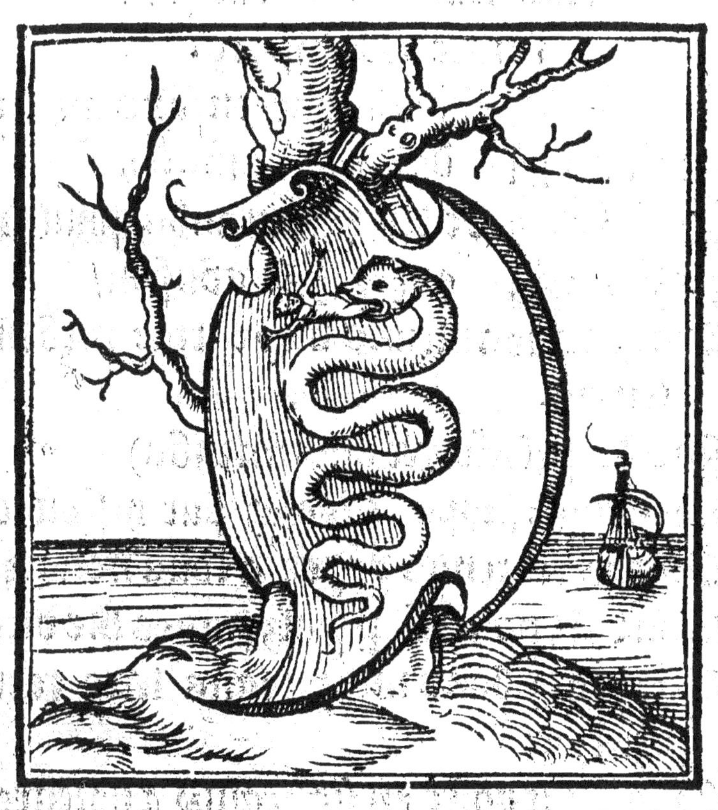

EXiliens infans sinuosi è faucibus anguis,
Est gentilitiis nobile stemma tuis.
Talia Pellaeum gessisse nomismata regem
Vidimus, hisq; suum concelebrasse genus.
Dum se Ammone satum, matrẽ anguis imagine lusã,
Diuini & sobolem seminis esse docet.
Ore exit: tradunt sic quosdam enitier angues,
An quia sic Pallas de capite orta Iouis?

Liuret des Emblemes de Andre Alciat.

Au duc de Milan

Duc de Milan ton escusson
Met hors dung serpent lenfant nud:
Alexandre eut telle facon,
Disant ie suis du ciel venu:
Ma mere au lict a soustenu
Juppiter/faict serpent nouueau:
Et encor mest il souuenu
Que Pallas vint de son cerueau.

Fœdera.

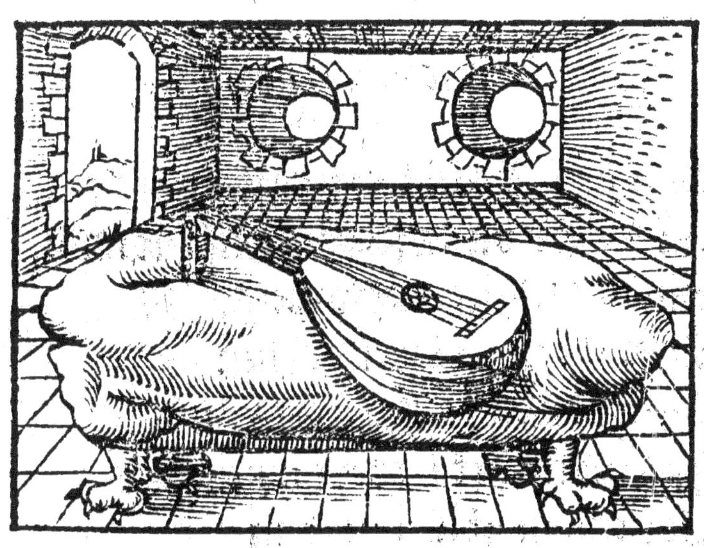

Hanc citharam à lembi quæ forma halieutica fertur
 Vendicat & propriam Musa latina sibi.
Accipe Dux, placeat nostrũ hoc tibi tempore munus,
 Quo noua cum socijs fœdera inire paras.
Difficile est, nisi docto homini, tot tendere chordas,
 Vnaq; si fuerit non bene tenta fides,
Ruptáue (quod facile est) perit omnis gratia conchæ,
 Illéque præcellens cantus, ineptus erit.
Sic Itali coëunt proceres in fœdera: concors
 Nil est quod timeas, si tibi constet amor.
At si aliquis desciscat (uti plerunque uidemus)
 In nihilum illa omnis soluitur harmonia.

Livret des Emblemes de Andre Alciat

Traictez damytie.

Comme au Luc la Muse Italique
Print plaisir/pour ses bons accors:
Ainsi toy Duc/as pris practique/
De rendre tous princes concors:
Mais si vng ou deux sont discors/
Seurte meurt/Guerre prent repeue:
Com lharmonie de ce corps
Fault pour vne corde rompue.

In Silentium.

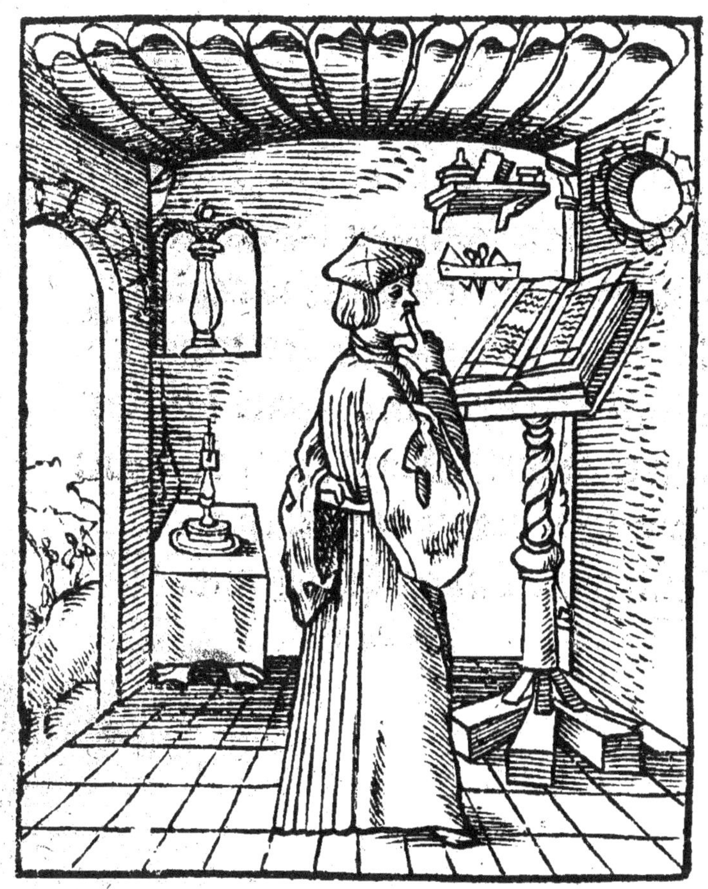

Cum tacet haud quicquam differt sapientibus amẽs,
Stultitiæ est index linguaq; uoxq; suæ.
Ergo premat labias, digitoq; silentia signet,
Et sese pharium uertat in Harpocratem.

Le liuret des Emblemes de Andre Alciat.

A silence.

Quant vng ignorant ne dit mot
Il est bien pareil au scauant:
Et nest de saigesse remot/
Sinon quant il parle souuent.
Ta bouche ayt donc le doy deuant/ doigt
Pour luy faire tenir silence:
Et soys en peu parler suyuant
De Harpocras la grande sapience.

Il est bon de parler, et meilleur de se taire,
Mais tous deux sont mauvais alors qu'ils
sont outrés.
La Fontaine, fables.

Etiam ferocißimos domari.

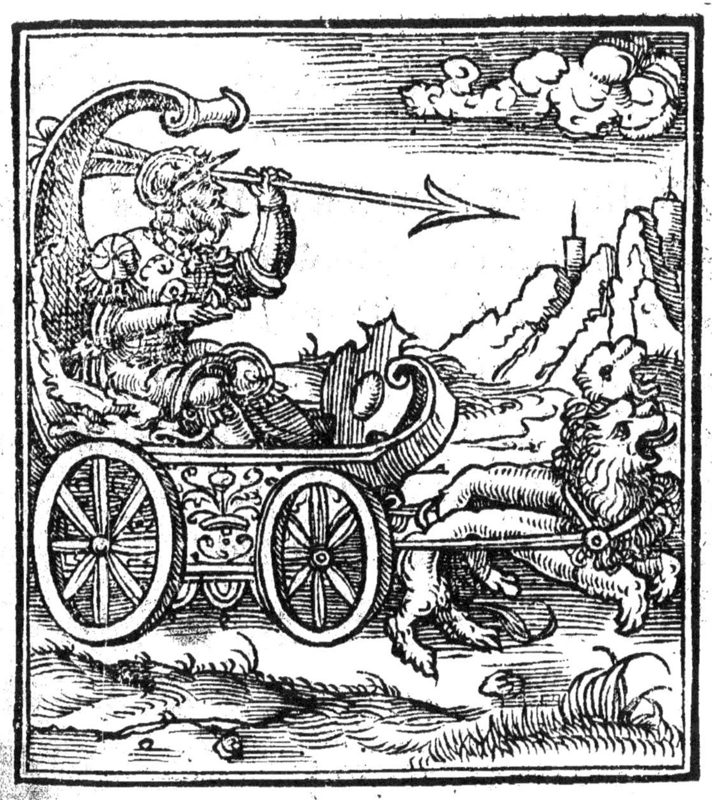

Romanum postquàm eloquium, Cicerone perempto,
Perdiderat patriæ pestis acerba suæ:
Inscendit currus uictor iunxitq; leones,
Compulit & durum colla subire iugum,
Magnanimos ceßisse suis Antonius armis
Ambage hac cupiens signi ficare duces.

Les plus cruelz surmontez.

Apres que Anthoine eust faict mourir
Cicero pere de eloquence:
En cheriot voulut courir/
Conduict par lyons darrogance.
Faisant en ce pure iactance/
Que comme lyons le seruoient
Mis auoit en obeissance/
Les grans/qui grosse audace auoient.

Quand Marc-Antoine heut Ciceron tué,
L'honneur Romain, et son pays rué
Du tout au bas : L'hors il monta vinqueur,
Sur char tiré par lyons; col, et cueur,
Mettant soubz joug, et monstrant par ses armes,
Avoir soubzmis, les fors ducz et gensdarmes.

Barptolemi Aneau, trad. des Embl. d'Alciat. Lyon, Roville, 1549. in-8°.

Gratiam referendam.

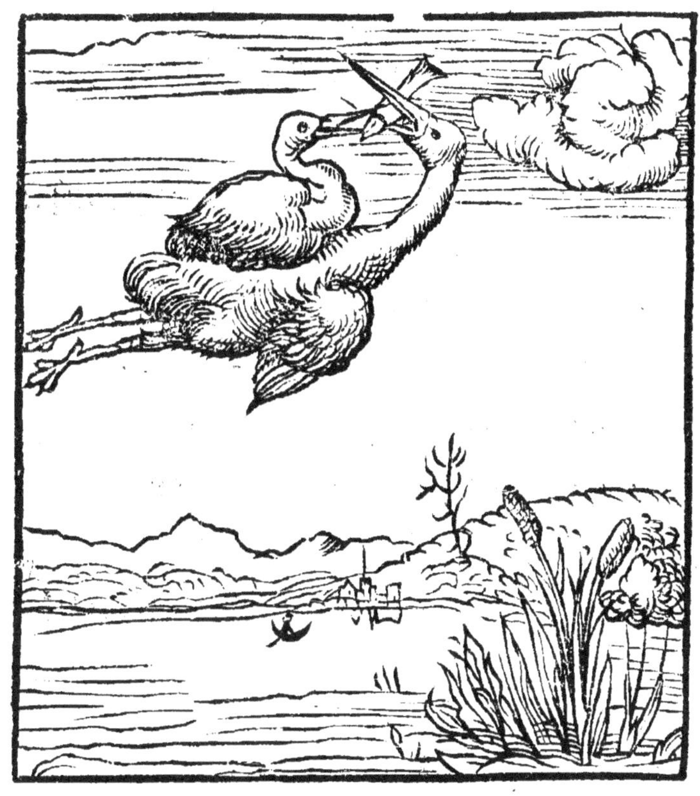

Aerio insignis pietate Ciconia nido
    Inuestes pullos pignora grata souet.
Taliaq; expectat sibi munera mutua reddi,
    Auxilio hoc quoties mater egebit anus:
Nec pia spem soboles fallit, sed fessa parentum
    Corpora fert humeris, præstat & ore cibos.

Recongnoistre bienfaict

La Cigoigne en lespoir estant.
Que ses petitz mis hors denfance/
Luy rendront du plaisir autant/
Met peine a leur donner substance/
Dont ilz font grande recongnoissance/
Car au temps que plus force na/
On luy fournist vol & pitance
Ainsi prent/ce quelle donna.

Concordia.

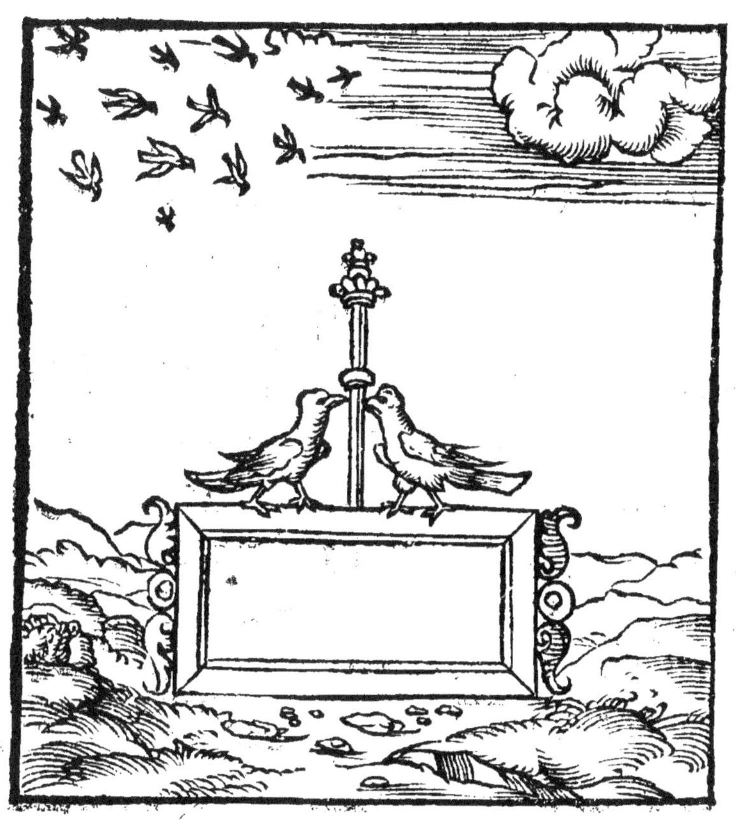

Cornicum mira inter ſe concordia uitæ eſt,
Inq; uicem nunquam contaminata fides.
Hinc uolucres hæc ſceptra gerũt, quòd ſcilicet omnes
Conſenſu populi ſtántq; caduntq; duces, *
Quem ſi de medio tollas, diſcordia præceps
Aduolat, & ſecum regia fata trahit.

---

* —— —— —— —— qui dabat olim
Imperium, fasces, legiones, omnia, nunc se
Continet; atque duas tantum res anxius optat,
Panem et Circenses. — — — Juvenal Sat. 10.

Concorde.

Lon peult parler auec merueilles/
De la paix que chascun doit estre/
Entre la turbe des corneilles/
Qui nont iamais varlet ne maistre:
Pource les painct on sur le sceptre/
Que le peuple ostoit & donnoit :
Auquel quant discorde scait naistre/
Tout se perd: chascun le congnoist.

Potentißimus affectus Amor.

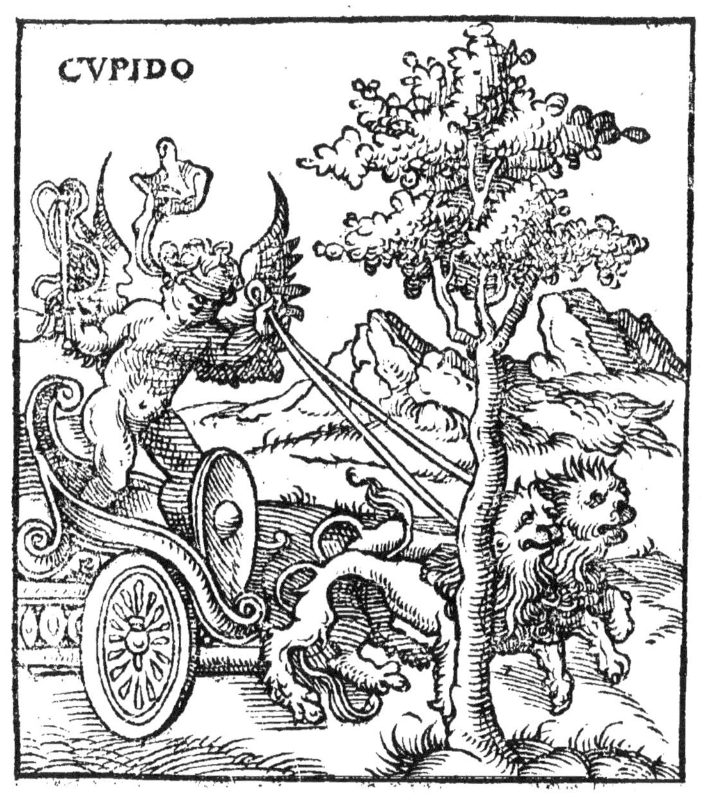

Aſpice ut inuictus uires auriga leonis
 Expreſſus gemma puſio uincat Amor.
Vtq; manu hac ſcuticam teneat, hac flectat habenas,
 Vtq; ſit in pueri plurimus ore decor.
Dira lues procul eſto, feram qui uincere talem
 Eſt potis, à nobis temperet an ne manus?

Liuret des Emblemes de
Andre Alciat.

Amour affection trespuissante.

Pensez a ce petit chartier
Qui scait mettre au ioug les lyons/
Nous pourra il point chastier:
Et ouurer sur ce que voulions/
Noz cueurs: dõt fault que allieurs plions:
Car sil est puissant pour telles bestes/
Pensez vous que nous en allions/
Sans quil nous lie cueurs & testes:

Non uulganda consilia.

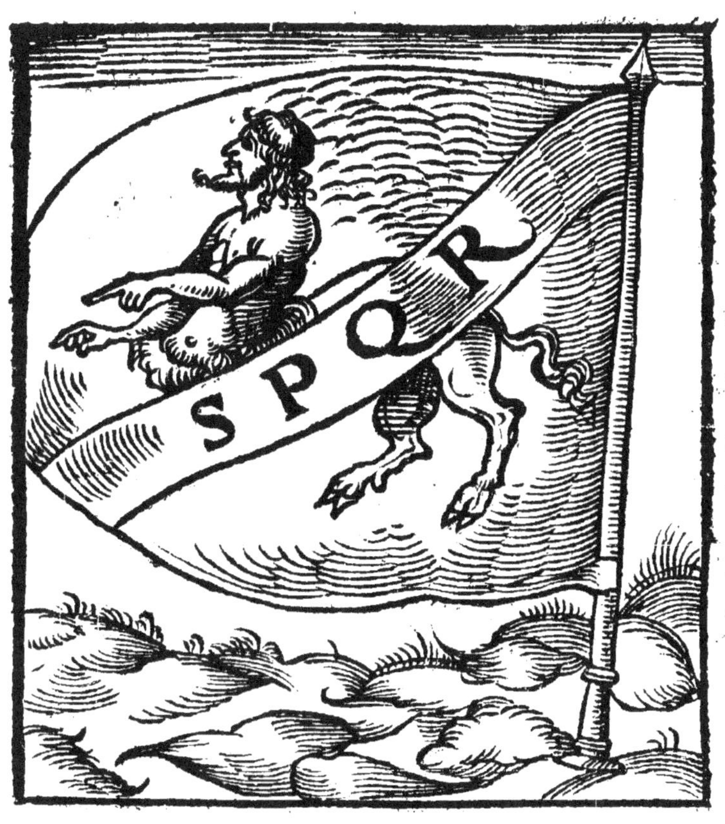

Limine quod cæco obscura & caligne monstrum
    Gnosiacis clausit Dædalus in latebris:
Depictum Romana phalanx in prælia gestat,
    Semiuiróq; nitent signa superba boue,
Nósq; monent, debere ducum secreta latere
    Consilia, autori cognita techna nocet.

Liuret des Emblemes de Andre Alciat.

Tenir encloz secret.

Jadiz Romains firent portraire/
Minotaurus en leur enseigne:
Dire en ce voulans quon doibt taire/
Secret de quelque part quil viegne:
Et affin que surce on compreigne
De telle paincture la raison/
Nul nest viuant qui entrepreigne/
Tirer tel monstre hors sa maison

In uictoriam dolo partam.

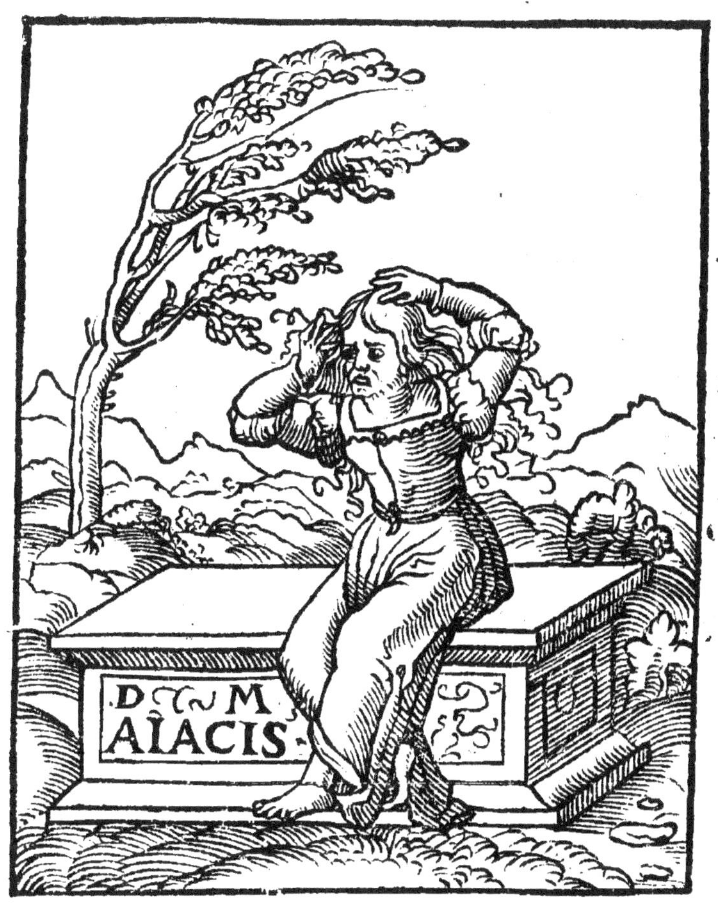

Aiacis tumulum lachrymis ego perluo uirtus,
Heu misera albentes dilacerata comas.
Scilicet hoc restabat adhuc, ut iudice Græco
Vincerer, & caussa stet potiore dolus.

Liuret des Emblemes de Andre Alciat.

Victoire acquise par fraulde.

Vertu suis sur se tombeau paincte/
Rompant mes cheueulx & visaige:
Qui faiz pour Aiax ma complainte/
Quon priua de son droit vsaige:
Car Vlysses par beau langaige
Eust les armures Dachilles:
Ainsi beau parler faict dommaige/
Et a maintz droictz anichile.

ce

lisez Achillés

anichilés.

anichiler, anihiler: reduire à rien, detruire. aneantir. dissoudre.

Reuerentiam in matrimonio riquiri.

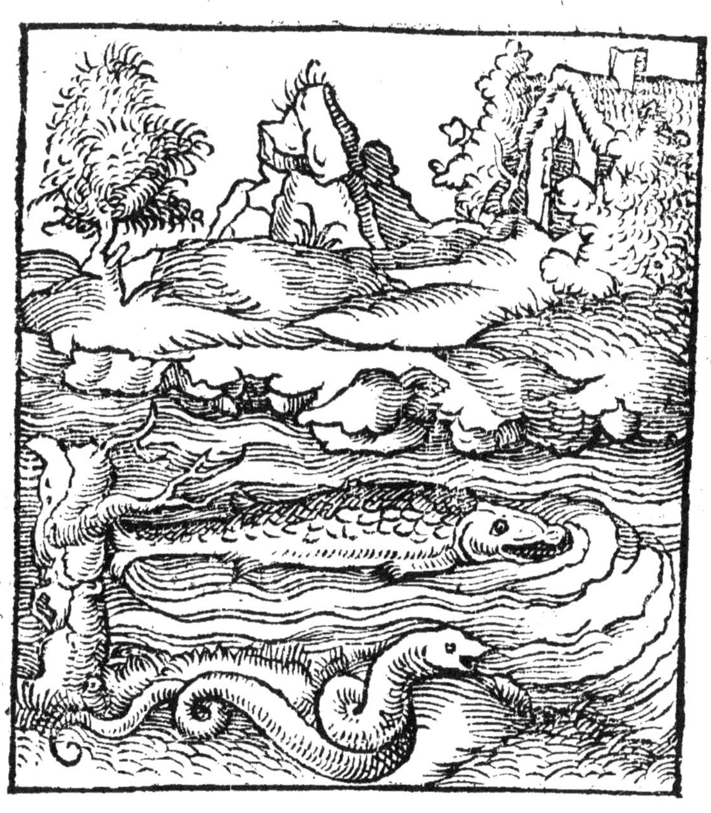

Cùm furit in Venerem, pelagi se in littore sistit
Vipera, & ab stomacho dira uenena uomit:
Murænamq; ciens, ingentia sibila tollit,
At subitò amplexus appetit illa uiri.
Maxima debetur thalamo reuerentia, coniunx
Alternum debet coniugi & obsequium.

Liuret des Emblemes de Andre Alciat.

Reuerence est requise a mariage.

Jacoit que le serpent soit ort
Quant il vient sibler la lamproye:
Elle repute faire tort/
Si a son amour ne rend proye:
Par ce ie dis que chascun croye/
Quon doibt honneur a mariage:
En sorte quil fault quon octroye/
Deu# au laid/ ou beau* personnage.

Deu, deub, dub, dû. debitum... Uxori vir debitum reddat: similiter et uxor viro. S. Paul Ep. ad Corinth. Voiez aussi l'art de désopiler la rate p. 267. 1754.

Je trouve ceci dans l'Examen de conscience pour soi congnoistre a bien se confesser, du bon Jehan Quentin pénitencier de Paris, imprimé par Guill. Anabat 1499. 8°.
Se, en mariage, tu as refusé le deu à ta partie, sans cause raisonnable, comme de maladie ou autrement?

*... Pour trois belles, il nous en faut baiser cinquante laides... Montaigne Liv. 3. ch. 5.

In auaros, uel quibus melior conditio ab extraneis offertur.

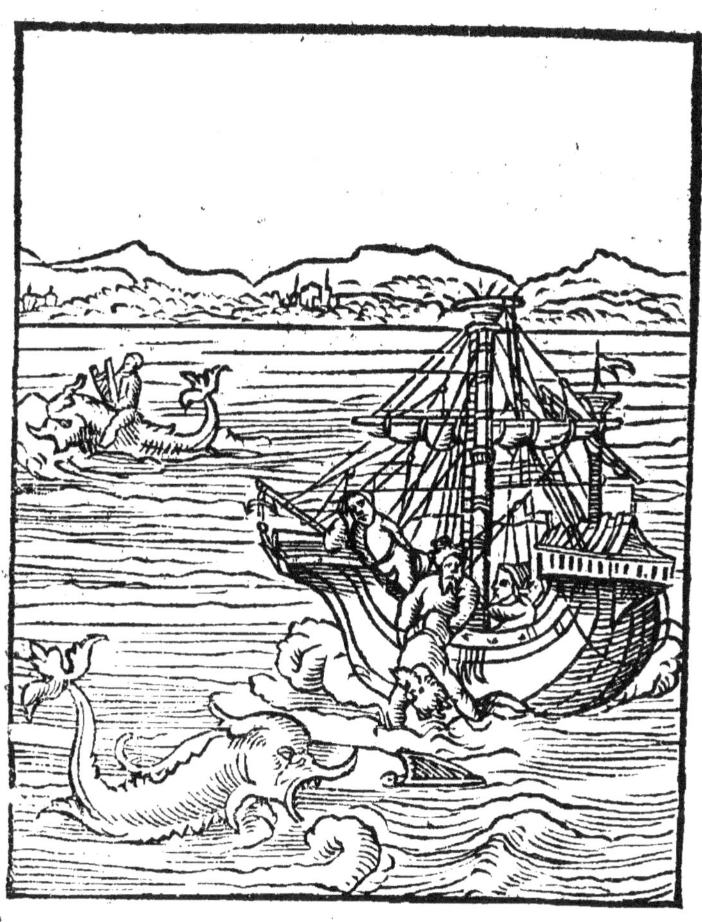

Delphini insidens uada cærula sulcat Arion,
Hócq; aures mulcet, frænat & ora sono.
Quàm sit auari hominis, non tam mens dira ferarũ est
Quiq; uiris rapimur, piscibus eripimur.

De ceulx qui ont bon heur par estrangiers.

Lon gectoit Arion en mer
Qui tenant sa Harpe/supplie
Quil ioue/auant que en eaue pasmer:
Il chet sa chanson acomplye:
Mais leaue de poissons ramplye/
Preste vng Daulphin/qui le supporte:
Ainsi la beste ayde desplye/
Contre le mal que lhomme apporte.

Amicitia etiam poſt mortem durans.

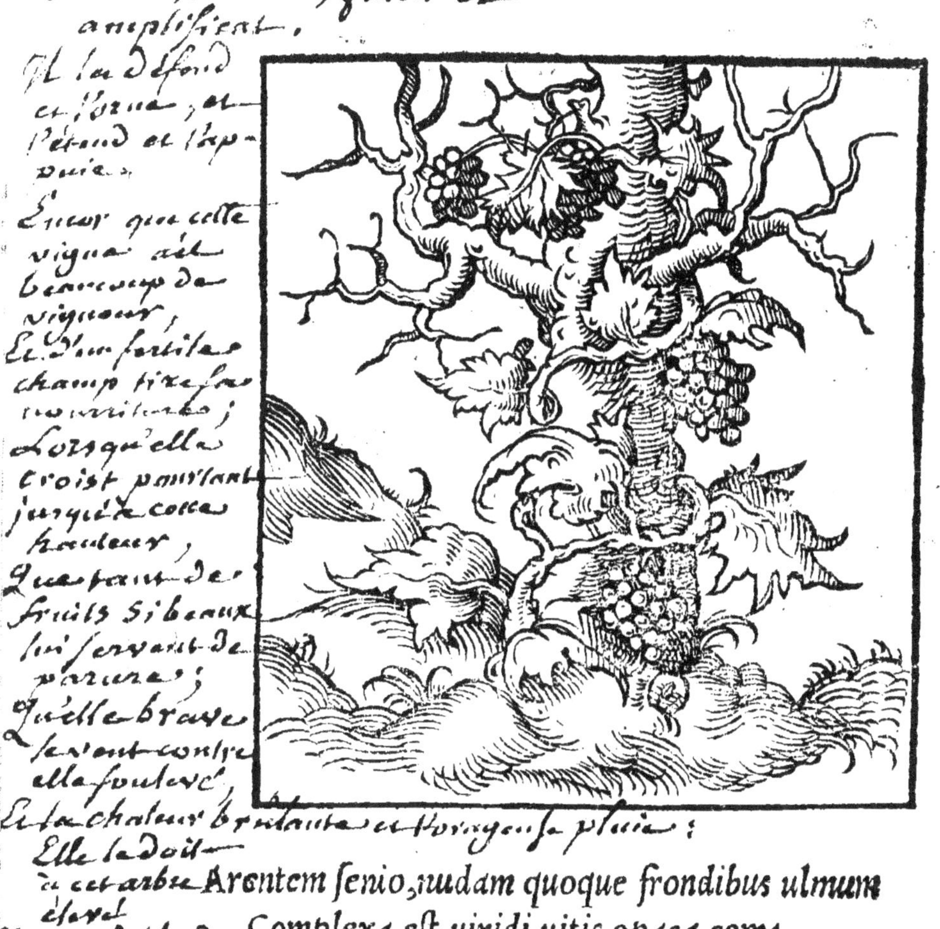

Arentem ſenio, nudam quoque frondibus ulmum
Complexa eſt uiridi uitis opaca coma.
Agnoſcitq; uices naturæ, & grata parenti
Officij reddit mutua iura ſuo.
Exemplóque monet, tales nos quærere amicos,
Quos neque diſiungat fœdere ſumma dies.

Amytie durant apres mort.

Au temps que ieune estoit la Vigne
Elle fut soustenue de lorme/
(Qui destre ayme se rend bien digne)
A quoy la Vigne fut conforme:
Car au temps quil deuint difforme/
Voire mort/la Vigne lembrasse:
Cherchez donc amy de telle forme/
Dont lamour pour mort ne sefface

Nec uerbo nec facto quenquam lædendum.

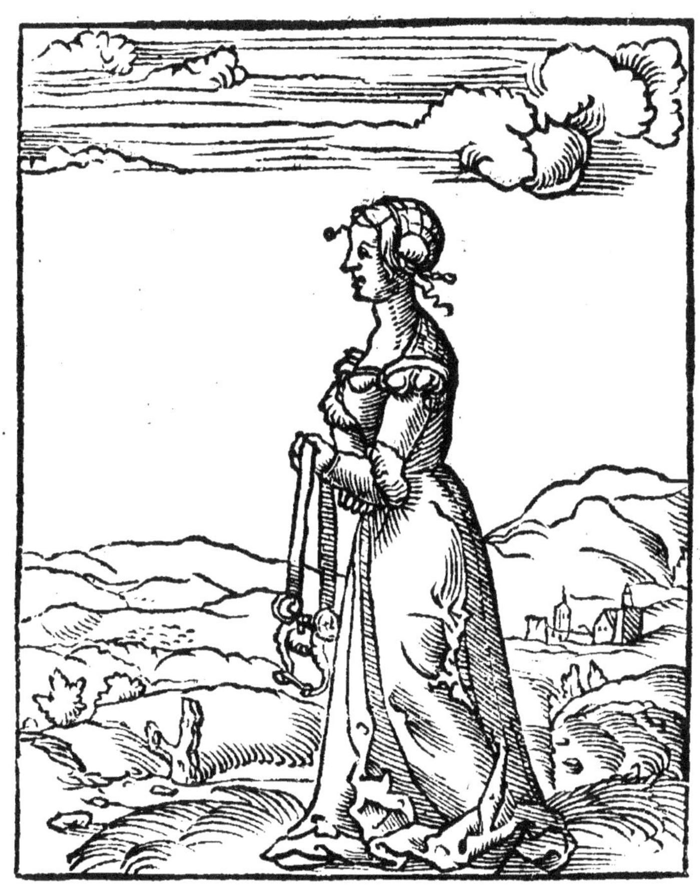

Assequitur, Nemesisq́; uirum uestigia seruat,
Continet & cubitum duraq́; frena manu.
Ne malè quid facias, néue improba uerba loquaris:
Et iubet in cunctis rebus adesse modu m.

Aulcun nest a blesser par faict ou par parolle.

Nemesis suyt les pas des gens/
Tenant son coulde/ & vne bride:
Du son significatz vrgens:
Car le frain a droict moyen guyde/
Voulant que ta langue soit vuyde/
De iniures & motz de insolence:
Et son bras quelle tient solide.
Defend mal faict & violence.

Desidiam abijciendam.

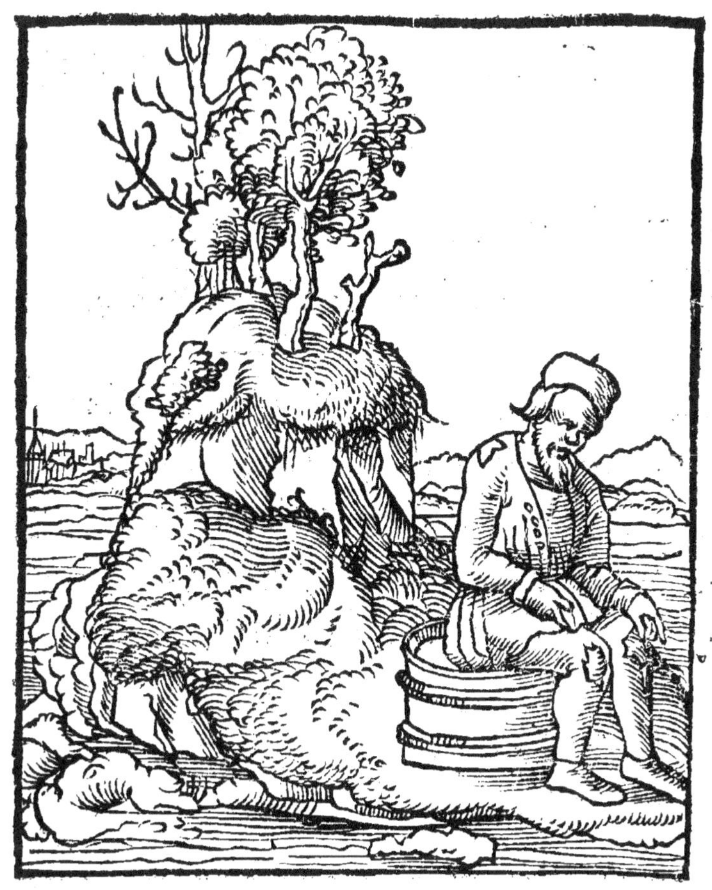

Quisquis iners, abeat in choenice figere sedem,
Nos prohibent Samii dogmata sancta senis.
Surge igitur, duróq; manus adsuesce labori,
Det tibi dimensos crastina ut hora cibos.

Chasser paresse

Voissent au loing/gens paresseux:
Dieu na point cy noz repoz mis:
Dont Pithagoras blasme ceulx
Qui sont sans art/& endormis:
Car contre le sens des formis/
Ne gaignent que pour vng iour viure:
Comme qui leur auroit promis/
Que sante les doibt tousiours suyure.

Paupertatem summis ingenijs obesse. ne prouehantur.

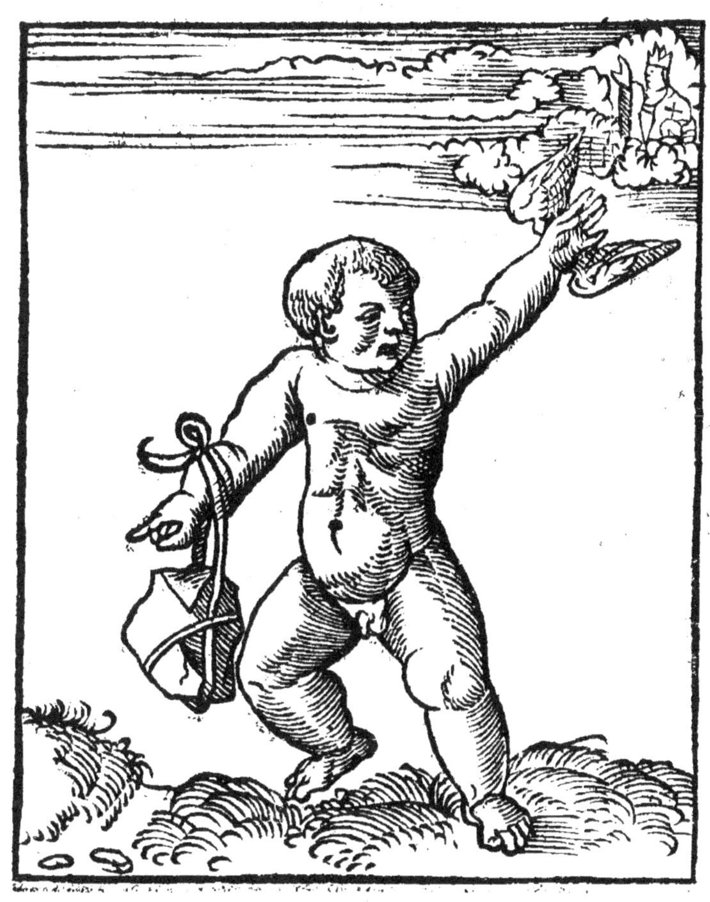

Dextra tenet lapidem, manus altera sustinet alas,
Vt me pluma leuat, sic graue mergit onus.
Ingenio poteram superas uolitare per arces,
Me nisi paupertas inuida deprimeret.

Liuret des Eemblemes de
Andre Alciat.

Pourete empesche les grandz
esperitz quilz ne soient
esleuez.

Sans la pierre a mon bras pendant
Je pourroys haultement voler:
Car la plume ay beaucoup me aydant/
Pour en hault lieu me consoler:
Beaucoup donc me dois desoler:
Quant mon cueur a malheur si rude/
Qui se veult de scauoir saouler/
Et na pour frequenter lestude.

In occaſionem.

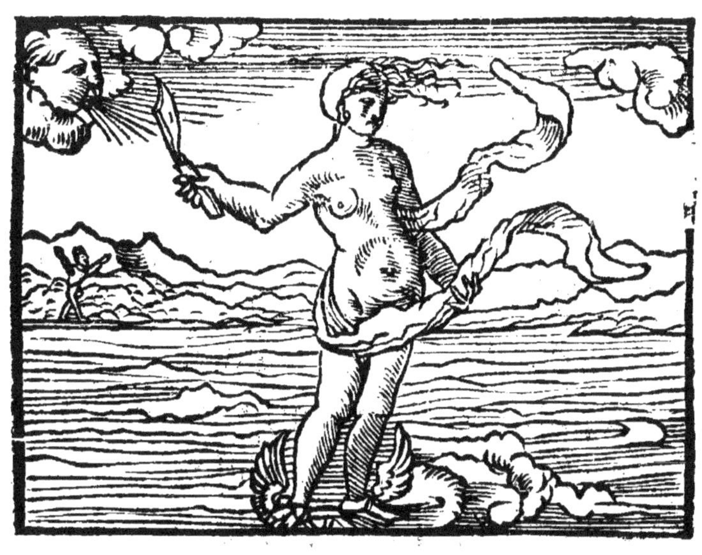

Lyſippi hoc opus eſt, Sycion cui patria: tu quis?
Cuncta domans capti temporis articulus.
Cur pinnis ſtas? uſque rotor. talaria plantis
Cur retines? paßim me leuis aura rapit.
In dextra eſt tenuis dic unde nouacula? acutum
Omni acie hoc ſignum me magis eſſe docet.
Cur in fronte coma? occurrens ut prendar: at heus tu
Dic cur pars calua eſt poſterior capitis?
Me ſemel alipedem ſi quis permittat abire,
Ne poßim apprenſo pòſt modò crine capi.
Tali opifex nos arte, tui cauſa, ædidit hoſpes,
Vtq; omnes moneam, pergula aperta tenet.

Liuret des Emblemes de Andre Alciat.

De la deesse Occasion. ou Alipède.

Je saye Occasion que Lysippus forma/
La marque seulle estant du chair temps que lhomme a.
La roe ay soubz mes piedz/dont ne puis arrester.
Les plumes que ie y ay/me font plus fort haster.
Mon rasoir signe rend/que tout oultre ie taille.
Mes cheueulx au front seul/monstrent quon ne me faille:
Car si le doz ie tourne/acoup puis eschap
Veu que derriere poil nay/ou lon me (per: puisse happer.
A cause de voꝰ toꝰ/louurier feist mon hi-
Esperāt q̄ seray imaige monitoire.)stoire
Pource sante durāt/mettez le tēps apoint
Veu que en vieillesse / a tard remord au cueur vous point.

Ocni effigies, de his qui meretricibus donant, quod in bonos usus uerti debeat.

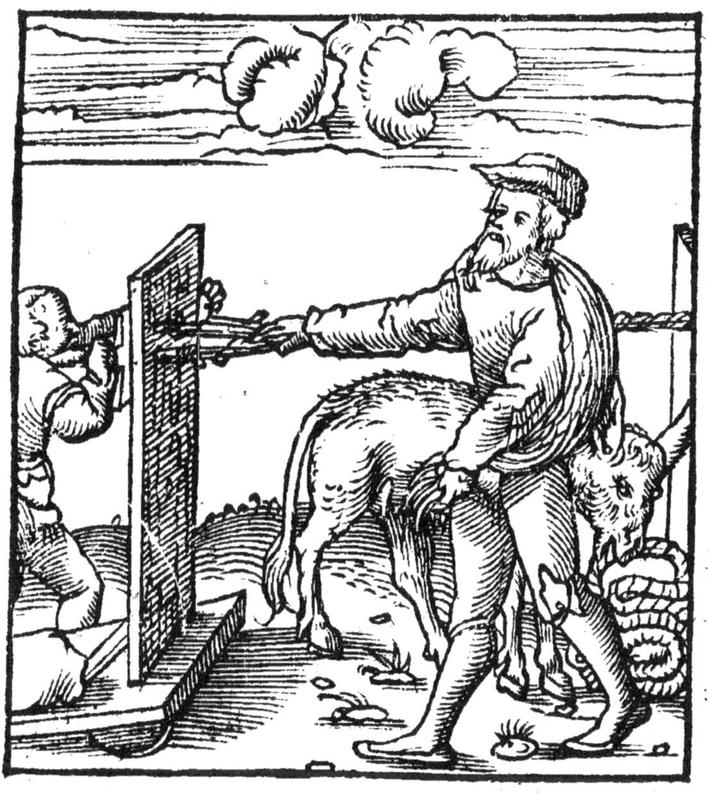

Impiger haud cessat funem contexere sparto,
Humidaq; artificis iungere fila manu:
Sed quantum multis uix torquet strenuus horis,
Protinus ignaui uentris asella uorat.
Fœmina iners animal, facili congesta marito
Lucra rapit, mundum prodigit inq; suum.

Liuret des Emblemes de Andre Alciat.

Leffigie de Venus/contre ceulx qui donnent aux garses ce quon doibt conuertir a bon vsaige.

Vng homme auec des ioncs despaigne
Faisoit cordes incessamment:
Mais pour quelque peine quil preigne/
Il nen a rien finablement:
Car son anesse hastiuement/
Mangeoit pour foin tout son ouur ge/
Maintes femmes pareillement/
Consument tost grand labouraige.

Virtuti fortuna comes.

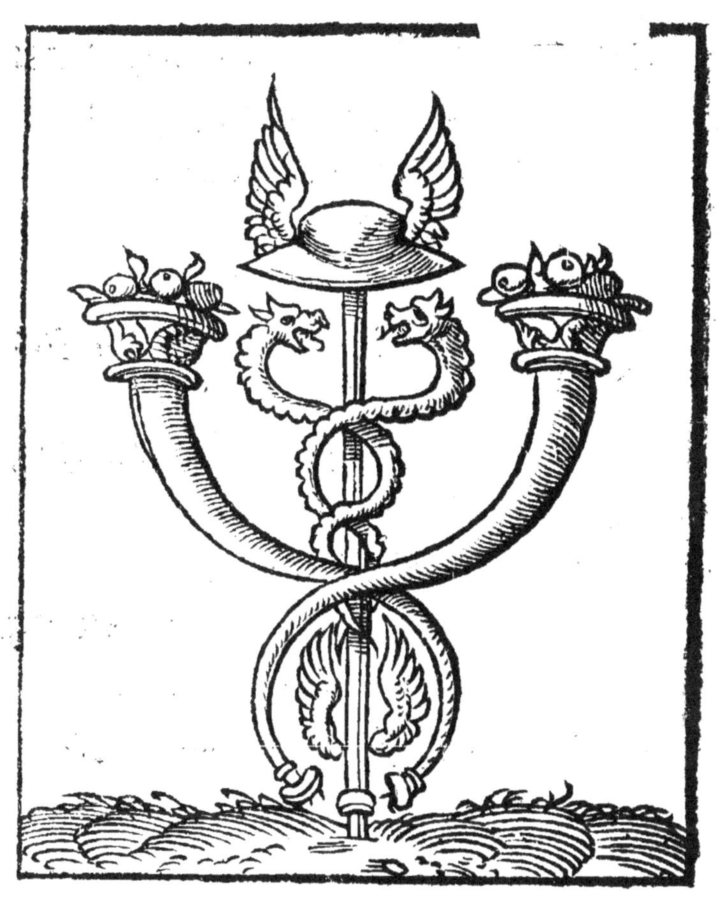

Anguibus implicitis geminis caduceus alis,
Inter Amalthææ cornua rectus adest.
Pollentes sic mente uiros fandiq; peritos
Indicat, ut rerum copia multa beet.

Liuret des Emblemes de Andre Alciat.

Fortune est compaigne a Vertus.

Le baston du dieu de eloquence
Auec ses serpentz a plumettes/
Entre les cornes de abundance
Monstre quelz (Vous gẽs de plume) estes
Cest que voz dictiers a rimettes/
Dignes sont que bien on vous liure/
Ainsi que ouuriers par leurs limettes/
Font le gaing dont ilz peuuent viure

Virtuti fortuna comes.

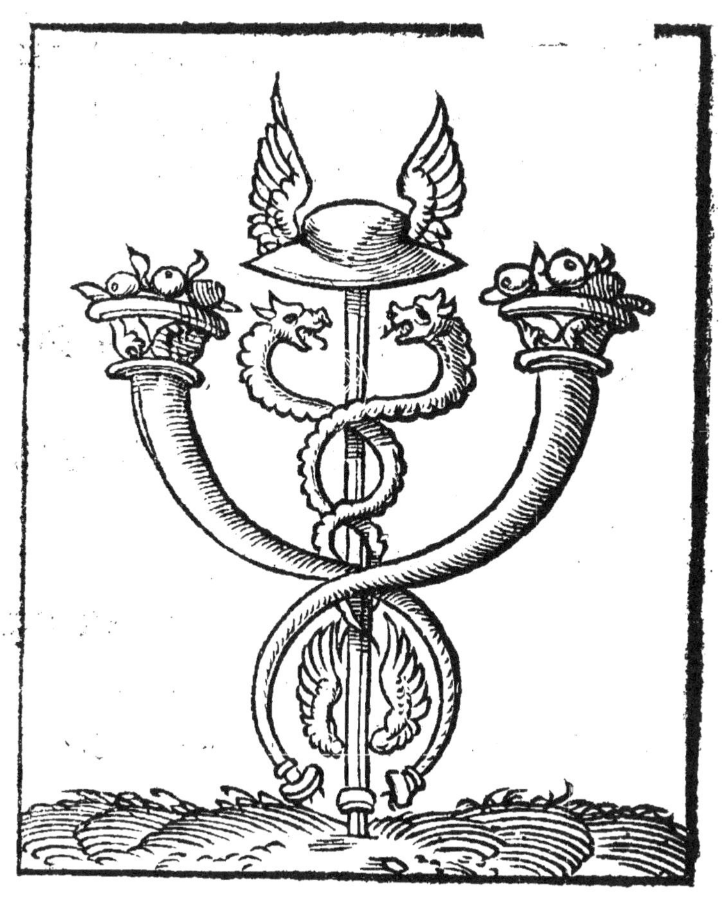

Anguibus implicitis geminis caduceus alis,
Inter Amalthææ cornua rectus adest.
Pollentes sic mente uiros fandiq; peritos
Indicat, ut rerum copia multa beet.

Liuret des Emblemes de Andre Alciat.

Fortune est compaigne a Vertus.

Le baston du dieu de eloquence
Auec ses serpentz a plumettes/
Entre les cornes de abundance
Monstre quelz (Vous gẽs de plume) estes
Cest que Voz dictiers a rimettes/
Dignes sont que bien on Vous liure/
Ainsi que ouuriers par leurs limettes/
Font le gaing dont ilz peuuent Viure

Ex pace ubertas.

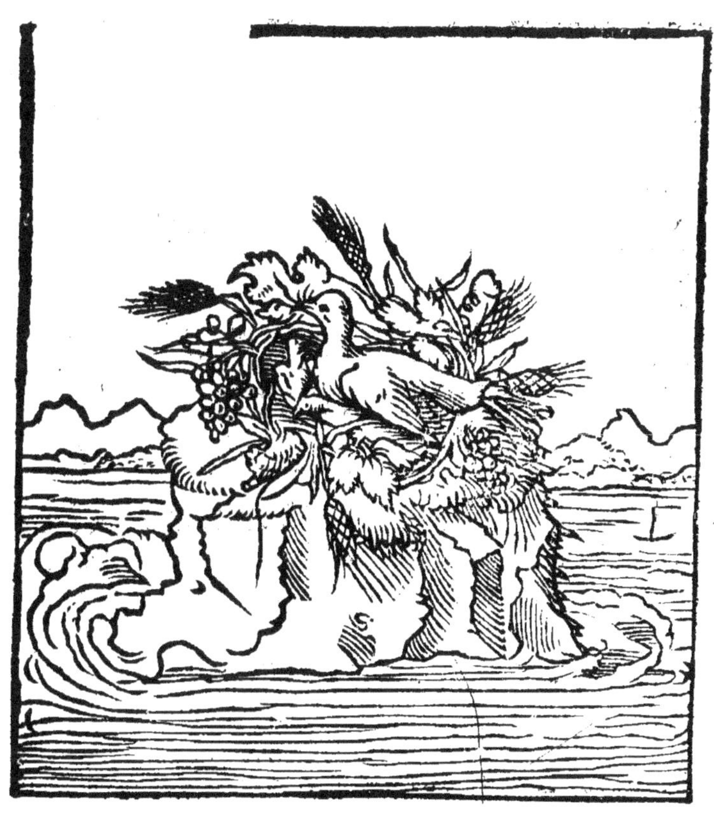

Grandibus ex spicis tenues contexe corollas,
Quas circum alterno palmite uitis erat.
His comptæ Alcyones tranquilli in marmoris unda
Nidificant, pullos inuolucresq́; fouent.
Lætus erit Cereri, Baccho quoq; fertilis annus,
Aequorei si rex alitis instar erit.

Liuret des Emblemes de Andre Alciat.

De paix abundance.

Sur roc en mer vray lieu de paix/
Voys Alcyone o ses petiz/
Son nid despicz & vigne espais/
La viuant a ses appetitz:
Ce te monstre les bien gentilz/
Quõ a/quãt lon veult paix poursuiure.
En bledz & vins sont lieux fertilz/
Ou le roy scait tel oyseau suyure.

In eos qui ſupra uires quicquam audent.

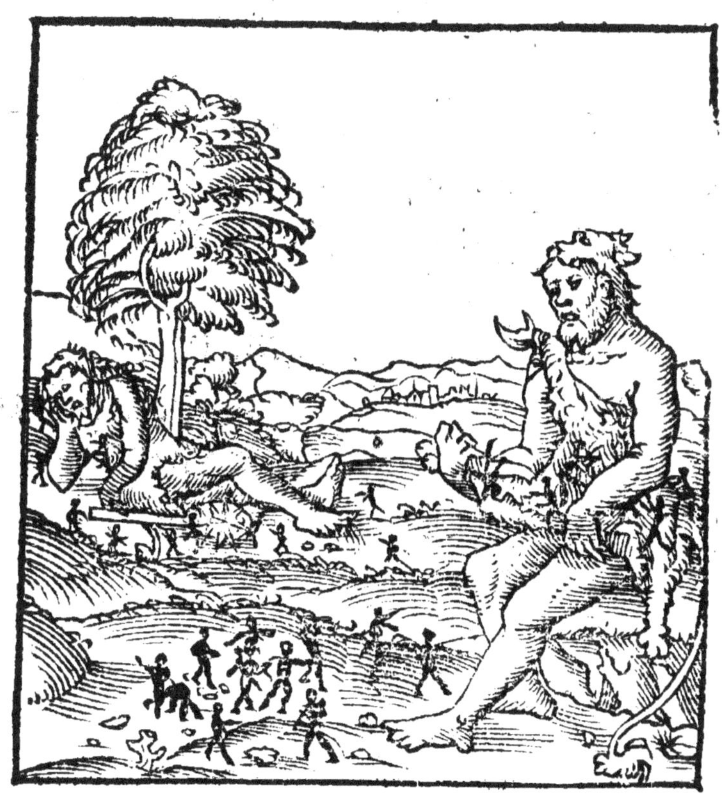

Dum dormit, dulci recreat dum corpora ſomno,
Sub picea, & clauam cæteráq; arma tenet,
Alcidem pygmæa manus proſternere lætho
Poſſe putat, uires non bene docta ſuas.
Excitus ipſe, uelut pulices, ſic proterit hoſtem,
Et ſæui implicitum pelle leonis agit.

Le liuret des Emblemes de
Andre Alciat.

Contre ceulx qui osent pardessus leurs forces.

Les Nains se vont vng iour trouuer/
La ou Hercules prenoit somme:
Bien luy cuydans les yeulx creuer/
Pource quil ne sembloit fort homme:
Lors sesueille/ & voyant la somme/
De telz gens/ acoup sen reuenche/
Et en feist ainsi que de pommes/
Car il les mist tous en sa manche.

Princeps subditorum incolumitatem procurans.

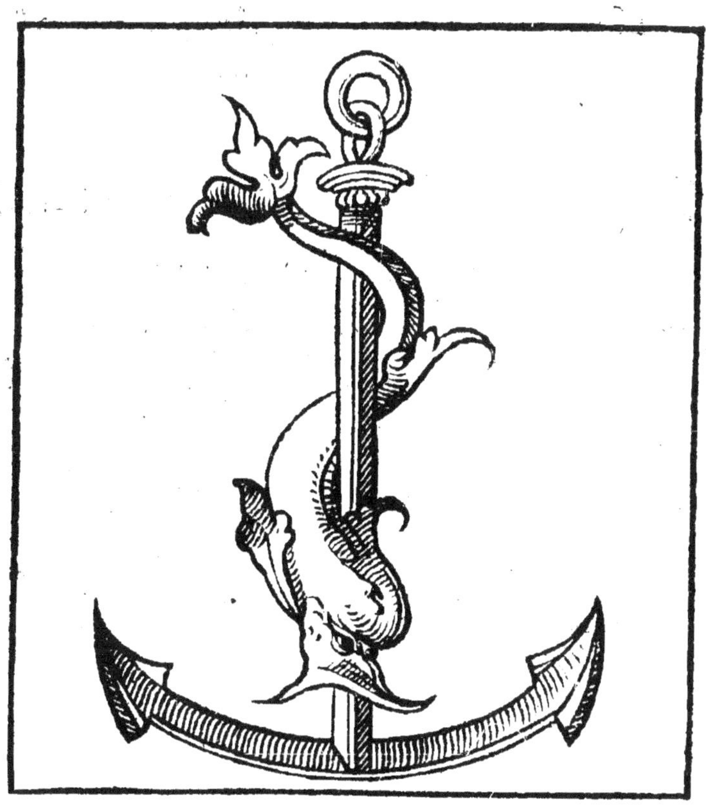

Titanij quoties conturbant æquora fratres,
Tum miseros nautas anchora iacta iuuat.
Hanc pius erga homines Delphin complectitur imis,
Tutius ut poßit figier illa uadis.
Quàm decet hæc memores gestare insignia Reges,
Anchora quod nautis, se populo esse suo.

Prince procurant la sauluete
de ses subiectz.

Quant les ventz font effort sur mer/
Moyennāt lācre on rompt leurs cours:
Le Daulphin qui veult lhomme aymer/
Lembrasse pour donner secours.
Ceste figure en son discours/
Monstre/qung roy portant le sceptre/
Doibt estre au peuple tel recours/
Que Lancre aux mariniers scait estre.

Mutuum auxilium.

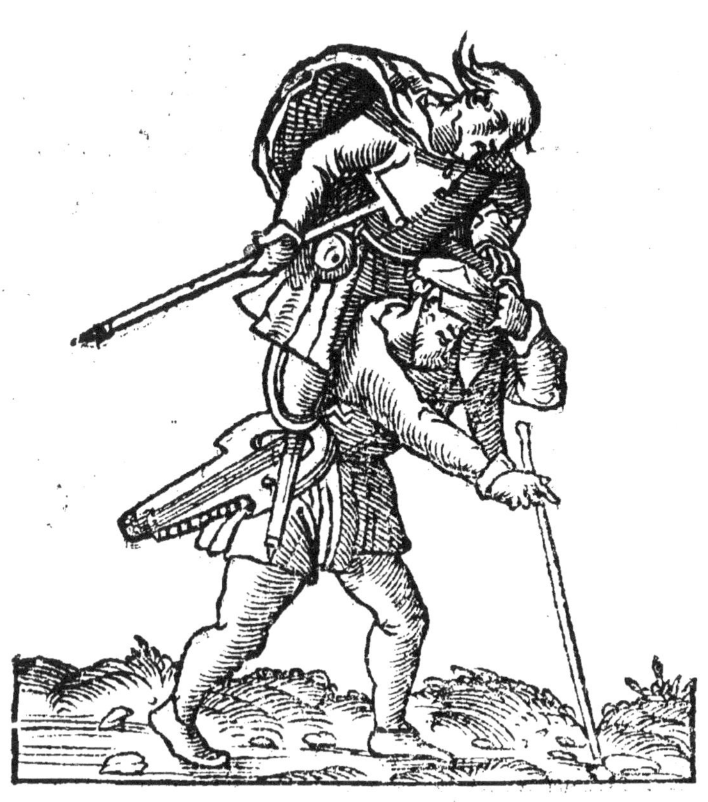

Loripidem ſublatum humeris fert lumine captus,
Et ſocij hæc oculis munera retribuit.
Quo caret alteruter, concors ſic præſtat uterq;,
Mutuat hic oculos, mutuat ille pedes.

Le liuret des Emblemes de
Andre Alciat.

Confort mutuel.

Fortune a vng lasseure osta/
Et a vng aultre les deux yeulx:
Mais leur mal elle conforta/
Par bon moyen & gratieux:
Car cellay qui fut chassieux/
Le boiteux pour guyde portoit:
Ainsi le deffault vitieux
Lung enuers lautre supportoit.
Vng poure impotent & goutteux/
Neust sceu dung lieu se transporter:
Et laueugle nest point boiteux/
Mais il ne scait quel part troter:
Lors se feist le boiteux porter/
Qui laueugle en chemin mectoit:
Lautre qui scait ses dictz notter/
Ses deux piedz pour les yeulx prestoit.

D iiii

Ex arduis perpetuum nomen.

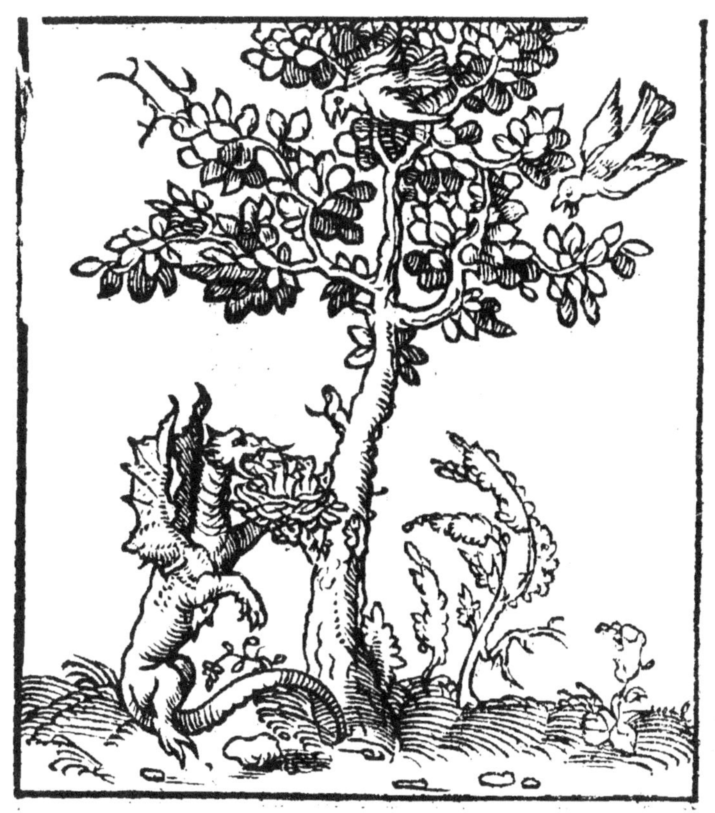

Crediderat platani ramis sua pignora passer,
Et bene, ni sæuo uisa dracone forent.
Glutijt hic pullos omnes, miseramq; parentem
Saxeus, & tali dignus obire nece.
Hæc, nisi mentitur Calchas, monumenta laboris
Sunt longi, cuius fama perennis eat.

Liuret des Emblemes de Andre Alciat.

Nom perpetuel des choses difficiles.

Ce qui doibt durer a tousiours/
Et par gloire estre pardurable/
Ne peult venir en peu de iours/
Ains fault labeur contollerable.
Calchas en veist loeuure admirable/
Es oyseaulx dung dragon mengez/
Au temps que par guerre incurable/
Les Troyens furent assiegez.

Obdurandum aduersus urgentia.

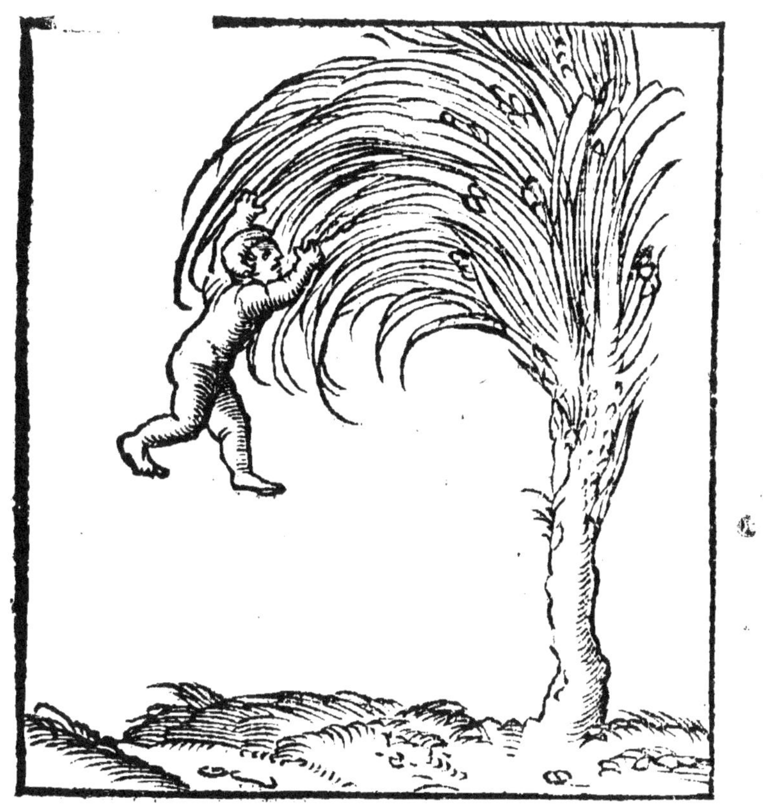

Nititur in pondus palma, & consurgit in arcum,
Quo magis & premitur, hoc mage tollit onus.
Fert & odoratas bellaria dulcia glandes,
Queis mensas inter primus habetur honos.
I puer, & reptans ramis has collige, mentis
Qui constantis erit, præmia digna feret.

Sendurcir a ce qui resiste.

Le palme chasse sa voicture/
Et resiste au poix quil supporte:
Enfant donc de bonne nature
Pense quel signe ce rapporte:
Pẽds toy aux rames & fruict quil porte:
Cest que soys constant a la letre/
Car qui plus charge & rompt sa porte/
En plus hault estat se voit estre

Tumulus meretricis.

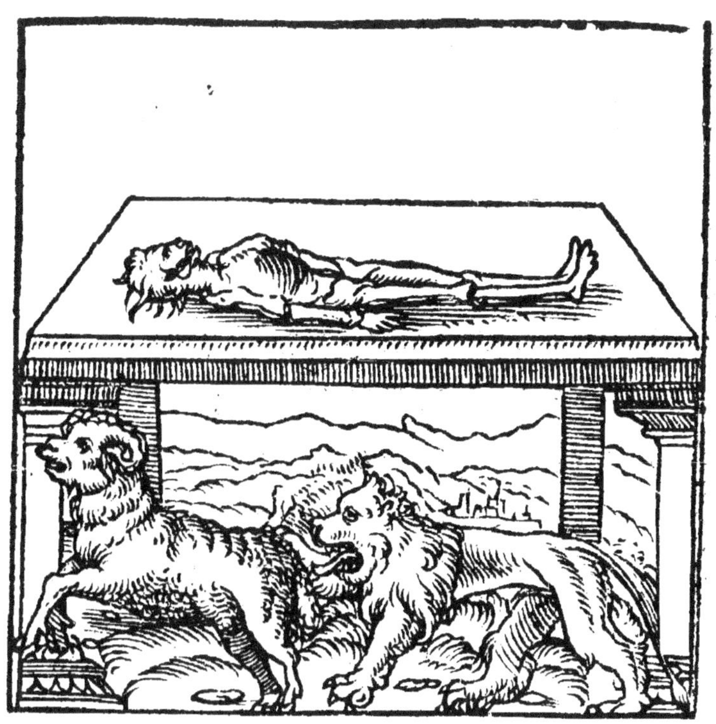

Quis tumulus? cuia urna? Ephyrææ est Laidos, & nõ
Erubuit tantum perdere Parca decus?
Nulla fuit tum forma, illam iam carpserat ætas,
Iam speculum Veneri cauta dicarat anus.
Quid scalptus sibi uult Aries, quem parte leæna
Vnguibus apprensum posteriore tenet?
Non aliter captos quòd & ipsa teneret amantes,
Vir gregis est aries, clune tenetur amans.

Liuret des Emblemes de
Andre Alciat.

Le sepulchre dune paillarde.

Du Lays estoit enterree/
Lon fist vng mouton en painctu re/
Ayant au cul pate serree
Du lyon/aspre a la pasture/
Et designe tel pourtraicture/
Que vng amoureux est pris par leine:
Comme telle simple creature/
Prise est par le cul pour sa laine.

In parasitos.

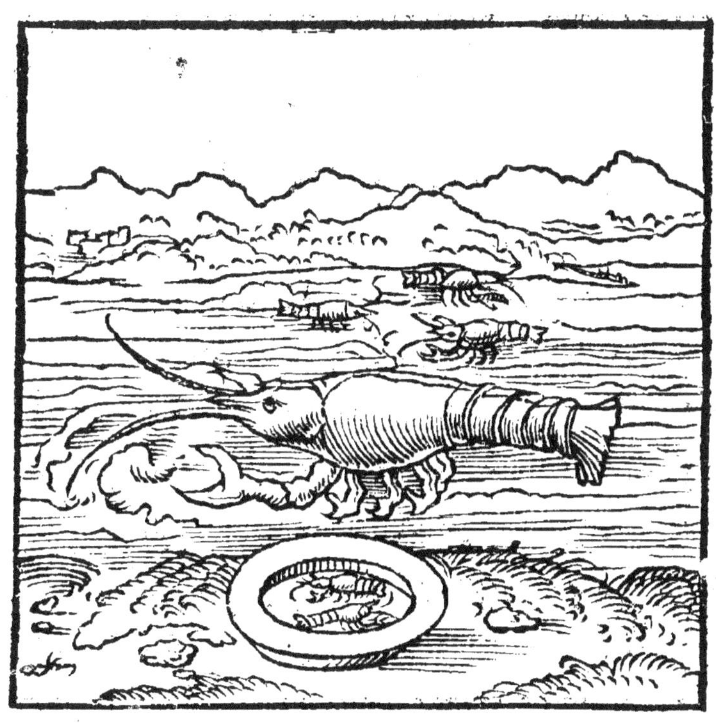

Quos tibi donamus fluuiales accipe cancros,
Munera conueniunt moribus ista tuis.
His oculi uigiles, & forfice plurimus ordo
Chelarum armatus, maximáq; aluus adest.
Sic tibi propensus stat pingui abdomine uenter,
Pernicésq; pedes, spiculáq; apta pedi.
Cùm uagus in triuijs, mensæq; sedilibus erras,
Inq; alios mordax scommata salsa iacis.

Liuret des Emblemes de
Andre Alciat.

Cōtre les escornifleurs ou postulans
de repeues franches/quon dit
plaisans de table.

Des escreuisses ie tenuoye/
Don propre aux facons & meurs que as:
peulx tousiours ouuers par la voye/
Et grant ventre ou tout reuocas:
Puis ce que chascun tu mocquas/
Es lieux ou faitz de fol loffice:
Sont les piedz pinsantz sur maintz cas/
Ainsi vis tu en escreuisse.

Concordia.

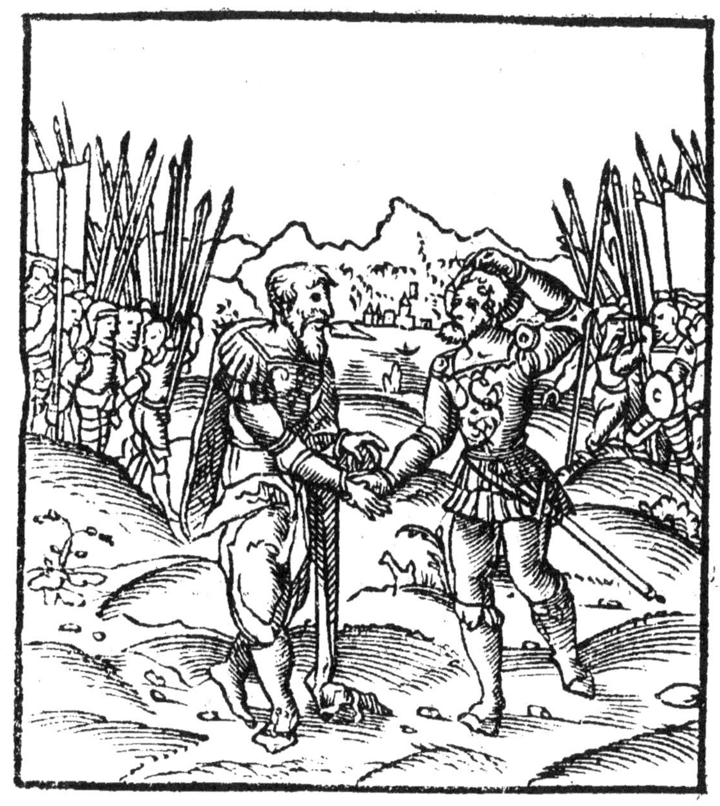

In bellum ciuile duces cùm Roma pararet,
Viribus & caderet Martia terra suis,
Mos fuit in partes turmis coëuntibus hasdem,
Coniunctas dextras mutua dona dari.
Fœderis hæc species, id habet Concordia signum,
Vt quos iungit amor, iungat & ipsa manus.

Concorde.

Pour la paix faire & casser guerre/
Les anciens touchoient aux mains:
Et nauoient pour serment aultre arre/
Les capitaines des Romains/
Ce signe feist les cueurs humains/
Et ioignoit la main les concordes:
Ores tel signe nest ferme/ains/
Lon rompt bien du serment les cordes.

Quæ supra nos, nihil ad nos.

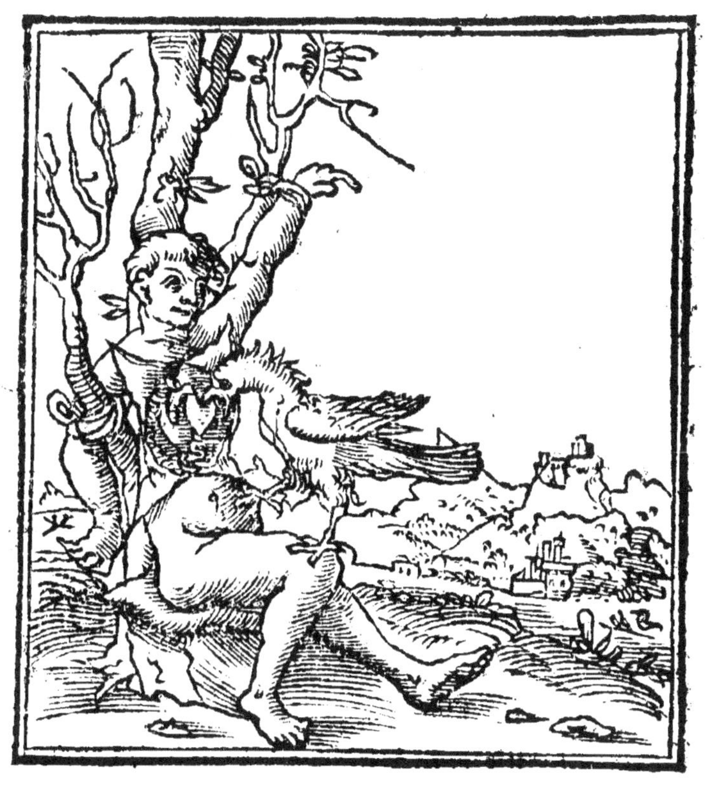

Caucasia æternum pendens in rupe Prometheus
Diripitur sacri præpetis ungue iecur.
Et nollet fecisse hominem, figulósque perosus
Accensam rapto damnat ab igne facem.
Roduntur uarijs prudentum pectora curis,
Qui cœli affectant scire deûmq; uices.

Liuret des Emblemes de
Andre Alciat.

Rien toucher ce qui est sur nous.

Prometheus vng homme feist/
Et puis osa luy donner ame:
Dont son cueur a iamais suffict/
Au vaultour qui tousiours lentame:
En ceste hystoire est donne blasme/
A cil qui tant est mal discret:
Quen cueur fol son cerueau affame/
Pour enquerir diuin secret.

E iii

In Amatores meretricum.

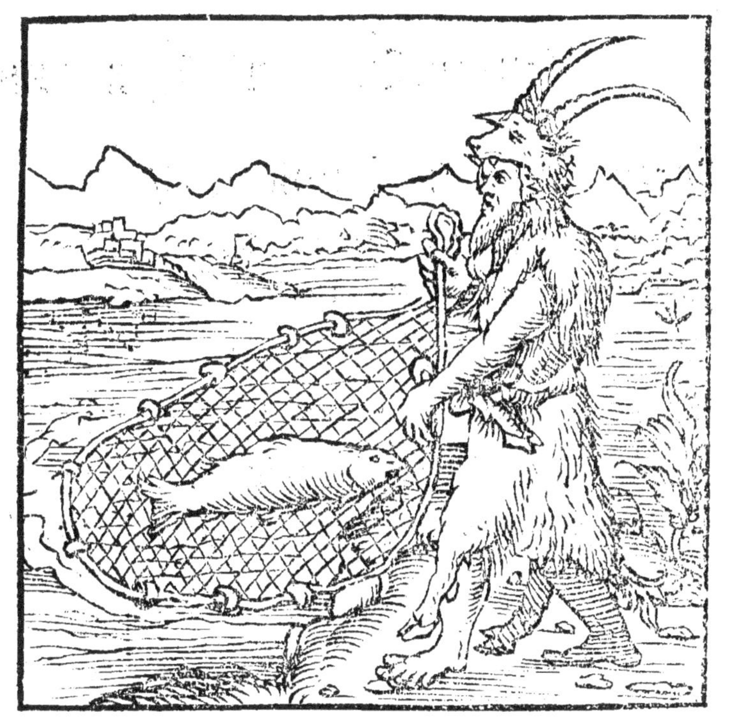

Villosæ indutus piscator tegmina capræ,
Addidit ut capiti cornua bina suo,
Fallit amatorem stans summo in littore Sargum,
In laqueos simi quem gregis ardor agit.
Capra refert scortum, similis fit Sargus amanti,
Qui miser obscœno captus amore perit.

Aux amoureux des putaines.

Sargus poiſon aymant la Chieure/
Veit vng peſcheur ainſi veſtu/
Il prent acoup damours la fieure/
Et ſeſt aux filez embatu:
Ceci monſtre a maint fol teſtu/
Que aux latz damours ne ſe doibt rẽdre/
Car apres dommage ſentu/
Temps neſt plus de ſaigeſſe entendre

Albucij ad D. Alciatum, ſuadens ut de tumultibus italicis ſe ſubducat, & in Gallia profiteatur.

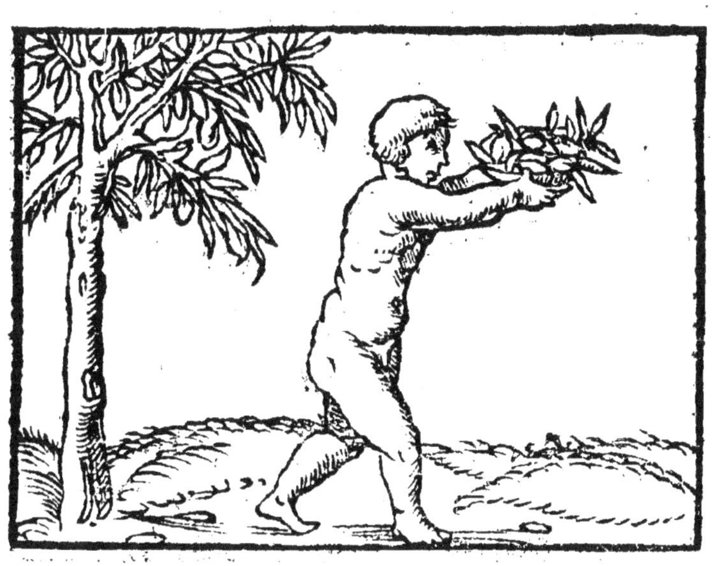

Quæ dedit hos fructus arbor, cœlo aduena noſtro,
Venit ab Eoo Perſidis axe prius.
Tranſlatu facta eſt melior, quæ noxia quondam
In patria, hic nobis dulcia poma gerit.
Fert folium linguæ, fert poma ſimllima cordi,
Alciate hinc uitam degere diſce tuam.
Tu procul à patria in precio es maiore futurus,
Multùm corde ſapis, nec minus ore uales.

Albutius persuade que Alciat laisse les tumultes Ditalie ⁊ vienne en France.

La pesche es regions de Perse
Est venin ⁊ mort aux mangeans:
En aultres lieux est moins peruerse/
Et rens bonne pasture aux gens:
Ainsi est il de maintz regens/
A cueur scauant langue diserte:
Qui leurs lieux prestement changeans/
Changent tout malheur ⁊ disette.

Paruam culinam duobus ganeonibus non sufficere.

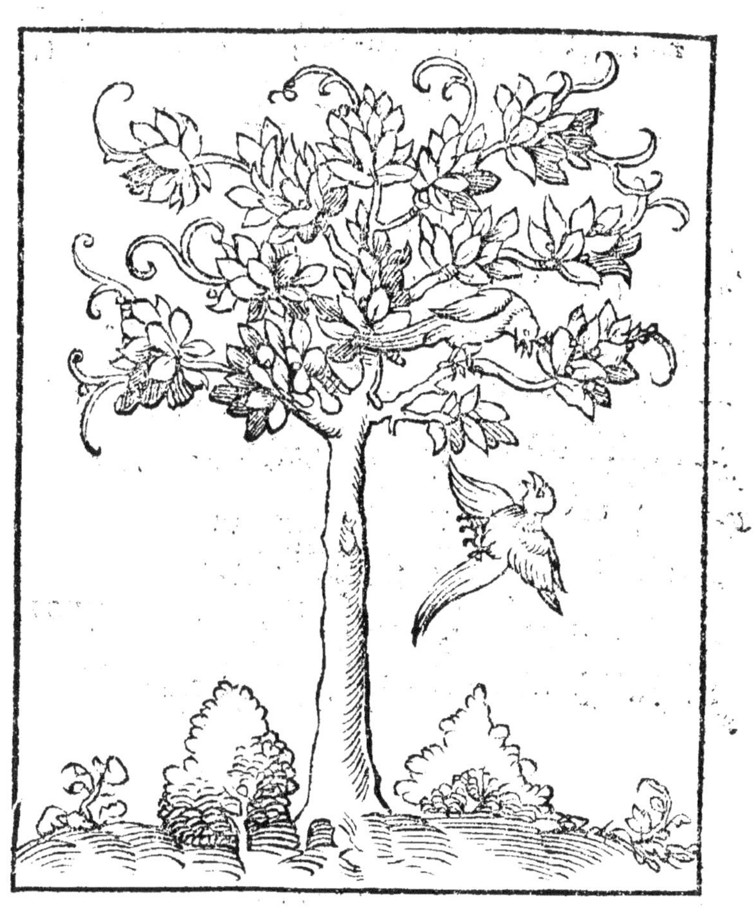

In modicis nihil est quod quis lucretur, & unum
Arbustum geminos non alit Eirythacos.

ALIVD.

In tenui spes nulla lucri est, unóque resident
Arbusto geminæ non bene Ficedulæ.

Liuret des Emblemes de Andre Alciat.

Petite cuysine a deux gloutons ne suffist.

Deux aduocatz en petit siege/
Deux chatz en petite cuysine/
Deux poix en leaue sur peu de liege/
Nont pas profitable saisine.
Ce que en ceste histoire designe/
Soubz vne griue la vergette/
Qui ne luy peult souffrir voisine/
Sans quelle plie a hors la gecte.

In deo lætandum.

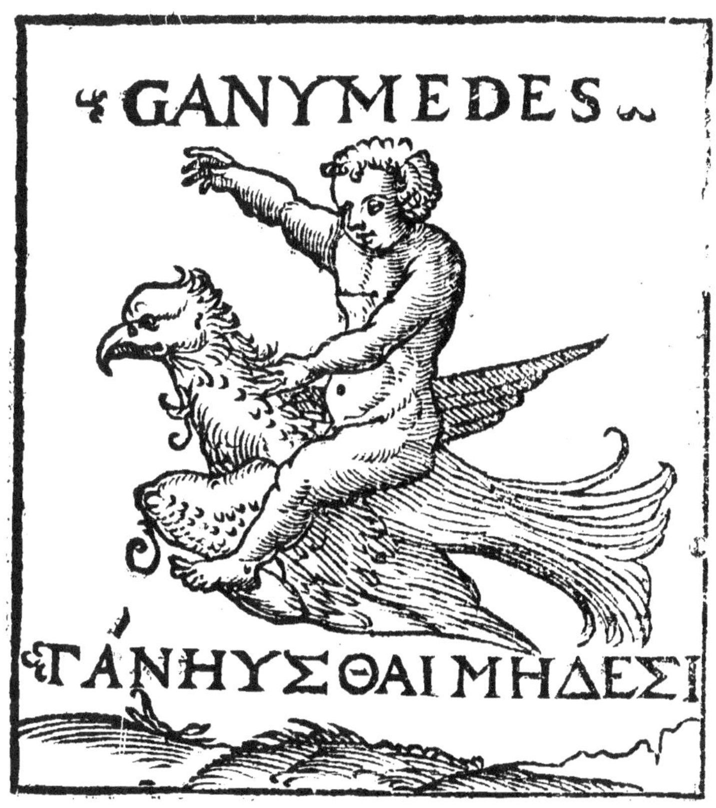

Aſpice ut egregius puerum Iouis alite pictor
Fecerit Iliacum ſumma per aſtra uehi.
Quis ne Iouem tactum puerili credat amore?
Dic hæc Mæonius finxerit unde ſenex?
Conſilium mens atq; Dei cui gaudia præſtant,
Creditur is ſummo raptus adeſſe Ioui.

Liuret des Emblemes de Andre Alciat.

Sesioyr en Dieu.

Cil qui en dieu se resioyst
Et y a tousiours sa pensee/
Tantost de ce quil veult ioyst/
Ayant voye a bien dispensee:
Et sent son ame estre aduancee/
Contre le ciel quil souhaitoit:
Comme si Laigle en lair dressee/
Pour Ganymedes lemportoit.

Voici comme le bon Claude Villette chanoine de S. Marcel de Paris, mystifie cette emblême hortense, dans son curieux bouquin des raisons de l'office et cérémonies de l'eglise; art. de l'aigle du choeur ou lutrin, p. 71. 72. édit. Rouen, 1638. (la pre édit. est de Paris, 1610. la 2e Lion, 1619.)

Le peintre ingénieux sur l'aigle pour fardeau,
De Jupiter a mis un paige juvenceau,
Afin d'emblémiser que Dieu l'ame a ravie
De celui qui penser à Dieu prend pour sa vie.

(24. juil. 1777.)

Inuiolabiles telo Cupidinis.

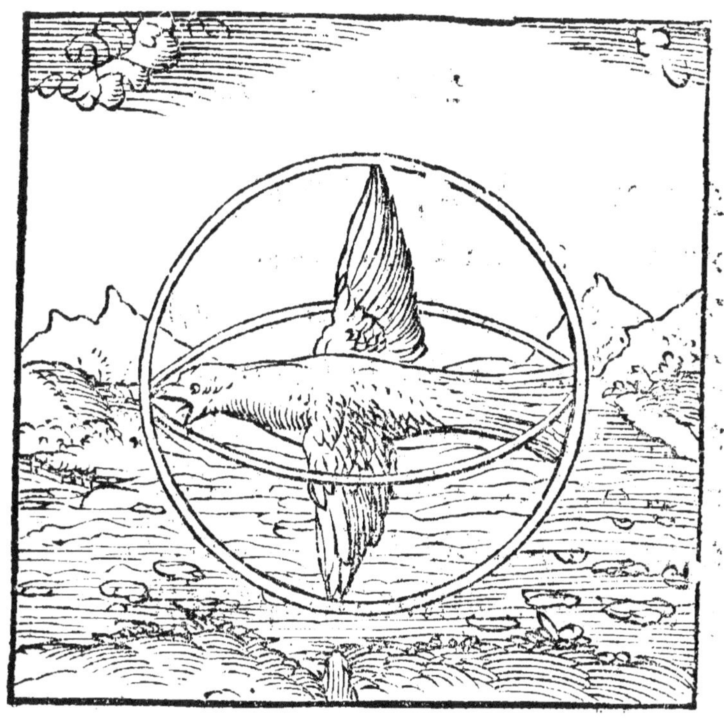

Ne dirus te uincat amor, neu fœmina mentem
  Diripiat magicis artibus ulla tuam:
Bacchica auis præstò tibi motacilla paretur,
  Quam quadriradiam circuli in orbe loces:
Ore crucem & cauda, & geminis ut complicet alis.
  Tale amuletum carminis omnis erit.
Dicitur hoc Veneris signo Pegasæus Iason
  Phasiacis lædi non potuisse dolis.

Liuret des Emblemes de André Alciat.

Estre inuincible du dard de Cupido.

Si aux statuz anciens crois/
Amour perd son enchantement:
Quant tu metz deux cercles en croix/
Du baleqeue soit droictement:
Queue a bec aux croix iustement/
Qui est contre ars faulx guerison:
Et dont euita le torment/
De Medee le saige Jason.

Spes proxima.

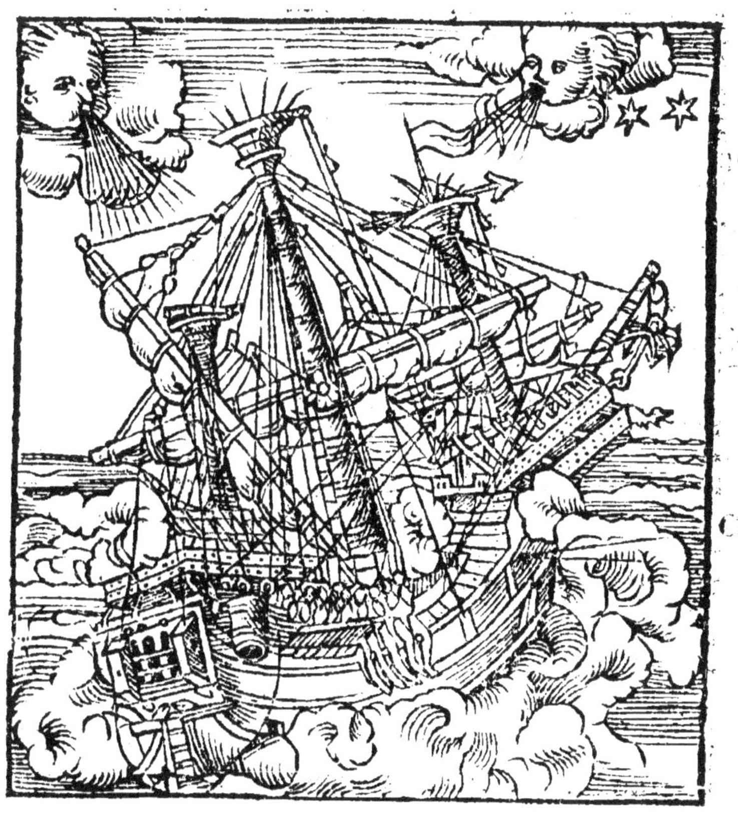

Innumeris agitur respublica nostra procellis,
Et spes uenturæ sola salutis adest:
Non secus ac nauis medio circùm æquore uenti
Quam rapiunt, salsis iámque fatiscit aquis.
Quòd si Helenæ adueniant lucentia sydera fratres,
Amissos animos spes bona restituit.

Liuret des Emblemes de Andre Alciat.

Prochaine espoir.

La Chose publique est souuent/
Sans auoir vaillant que esperance.
Comme la nauire soubz vent/
Voit son peril en apparence.
Mais si la nue a transparence/
Qui les deux astres freres monstre:
Lors sont tous maulx en sufferance/
Et se attend tost bonne rencontre

Non tibi, sed religoni.

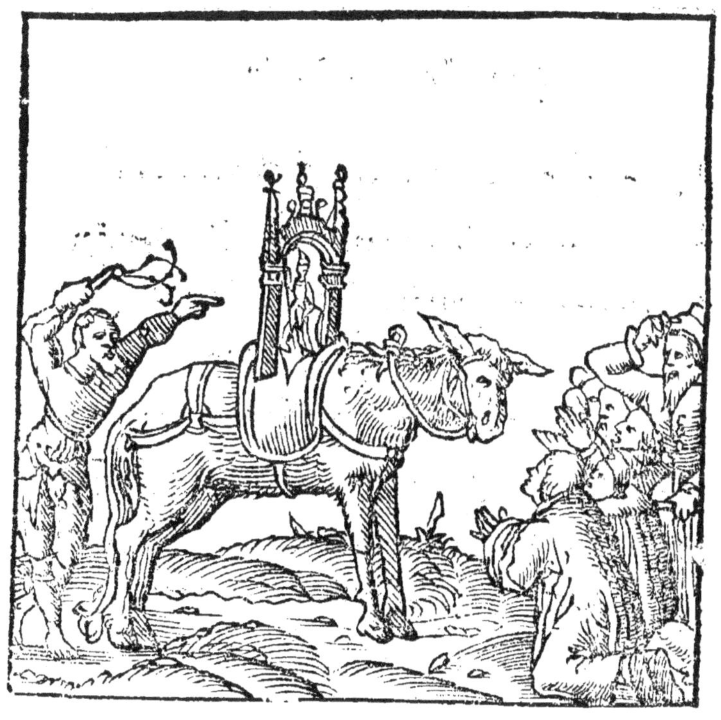

Isidis effigiem tardus gestabat asellus,
Pando uerenda dorso habens mysteria:
Obuius ergo Deam quisquis reuerenter adorat,
Piásque genibus concipit flexis preces.
Ast asinus tantum præstari credit honorem
Sibi, & intumescit admodum superbiens,
Donec eum flagris compescens dixit agaso,
Non es Deus tu aselle, sed Deum uehis.

Liuret des Emblemes de
Andre Alciat.

Non a toy/mais a religion.

Lasne portoit dung sainct la chasse:
Et voyant chascun prosterner/
Cuyde que ce pour luy se face:
Si pense ia tout gouuerner.
Mais sur ce on le vint bastonner/
En luy disant motz de telle sorte:
Sus baudet/il fault pietonner:
Tu nes pas sainct/mais tu le porte.

In illaudata laudantes.

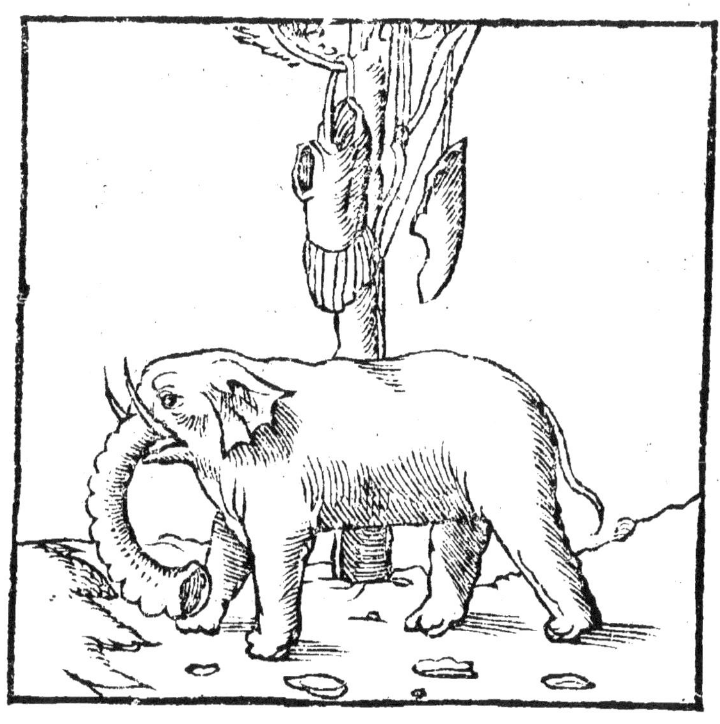

Ingentes Galatum semermi milite turmas,
Spem præter trepidus fuderat Antiochus.
Lucarum cùm sæua boum uis, ira, proboscis,
Tum primum hostileis corripuisset equos.
Ergo trophæa locans Elephantis imagine pinxit,
Insuper & socijs occideramus ait.
Bellua seruasset ni nos fœdissima barrus.
At superasse iuuat, sic superasse pudet.

Louer ce que est de vergongne.

Les Elephans que sceut bailler
Anthioque en champ conflictoire:
Tant ardemment vont batailler/
Que sur Galathes ont victoire.
Lors painct telle beste en son histoire/
Confessant quelle est mal honneste:
Et dit iay ioye dauoir la gloire:
Jay honte que lay par telle beste.

Iusta uindicta.

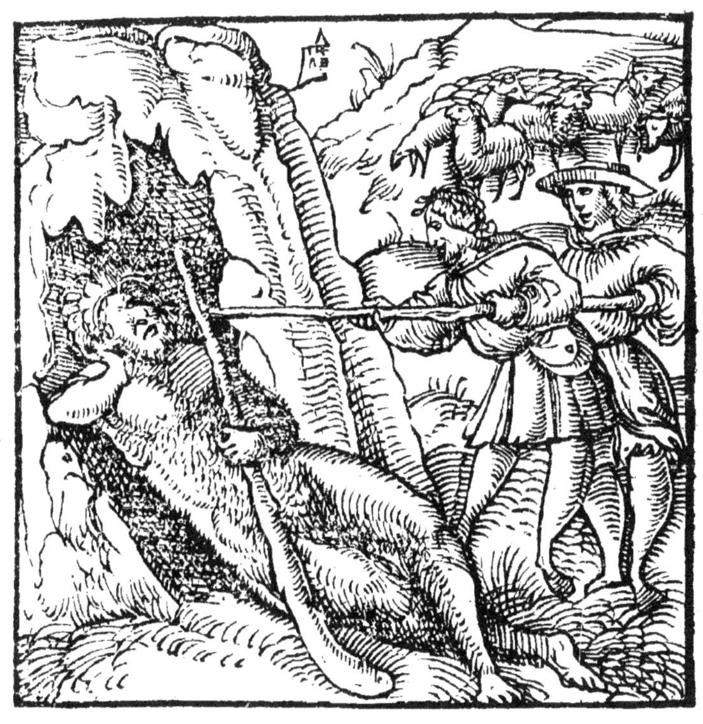

Dum residet Cyclops sinuosi in faucibus antri,
Hæc secum teneras concinit inter oues:
Pascite uos herbas, socijs ego pascar Achiuis,
Postremúmq; Vtin uiscera nostra ferent.
Audijt hæc Ithacus, Cyclopáq; lumine cassum
Reddidit. en pœnas ut suus author habet.

Juste vengeance.

Cyclops homme ayant vng seul oeil
Chantoit en gardant ses moutons.
Moutons mangez/blette/ou cerfueil.
Je mangeray des valetons.
Vlixes qui oyt ces tons/
Luy creua loeil dune grande perche:
Ainsi ce fier Roy de gloutons
Le mal recoit/que a autruy cherche.

Tandem tandem iusticia obtinet.

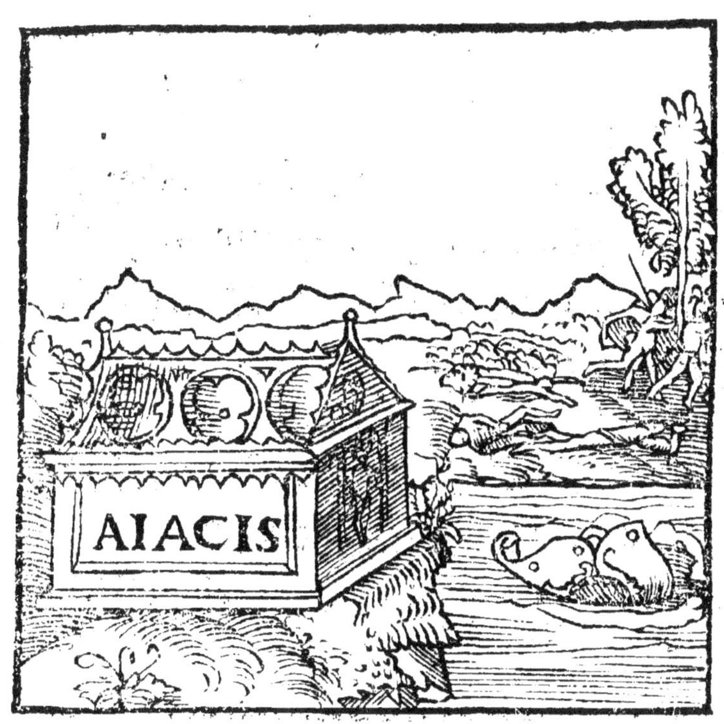

Aeacidæ Hectoreo perfusum sanguine scutum,
Quod Græcorum Ithaco concio iniqua dedit.
Iustior arripuit Neptunus in æquora iactum
Naufragio, ut dominum poßet adire suum.
Littoreo Aiacis tumulo namque intulit unda,
Quæ boat, & tali uoce sepulchra ferit.
Vicisti Telemoniade, tu dignior armis,
Affectus fas est cedere iusticiæ.

A la fin obtient Justice.

Neptune apercent que les Grecs
Auoient contre Aiax mal iuge:
Conceuant pource grands regretz
Lescu dachilles a charge:
Lequel par eau tant a nage/
Que au tumbeau de Aiax dire vient:
Je suis tien/a tu mas range:
A iustice obeyr conuient.

In fertilitatem sibi ipsi damnosam.

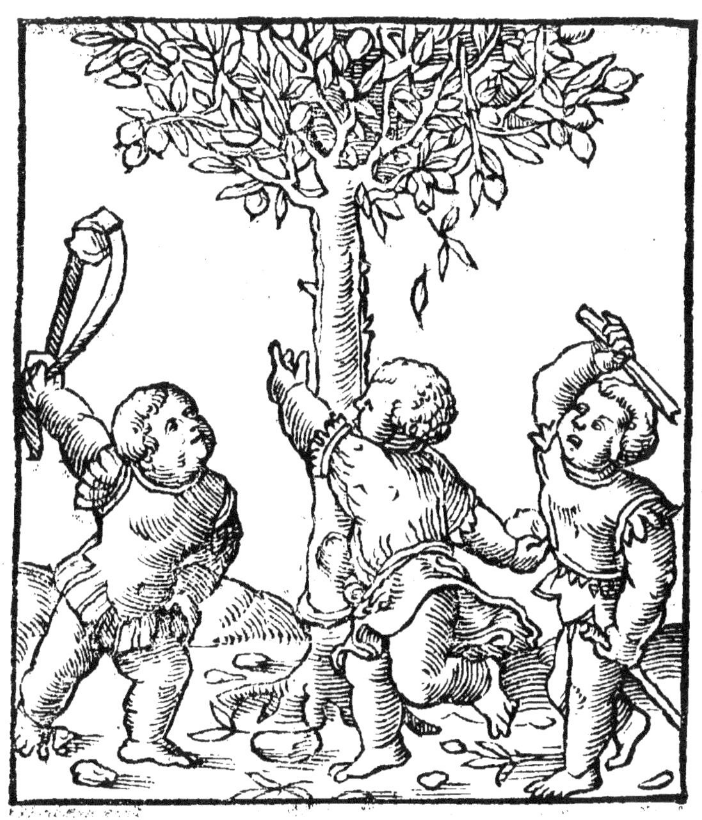

Ludibrium pueris lapides iacientibus, hoc me
In triuio posuit rustica cura nucem.
Quæ laceratis ramis perstrictóq; ardua libro.
Certatim fundis per latus omne petor.
Quid sterili posset contingere turpius? eheu,
Infelix fructus in mea damna fero.

Liuret des Emblemes de Andre Alciat.

Fertilite dommageable.

Lhas moy miserab e noyer
Suis ie pas malheureux de viure?
Je rends fruict/ & pour mon loyer/
Coups de tous coustez on me liure:
La plante que rien ne deliure/
Na pas tant que moy de douleurs.
Dont voyez que a bienfaict poursuyure/
Plusieurs augmentent leurs malheurs.

Fortuna uirtutem superans

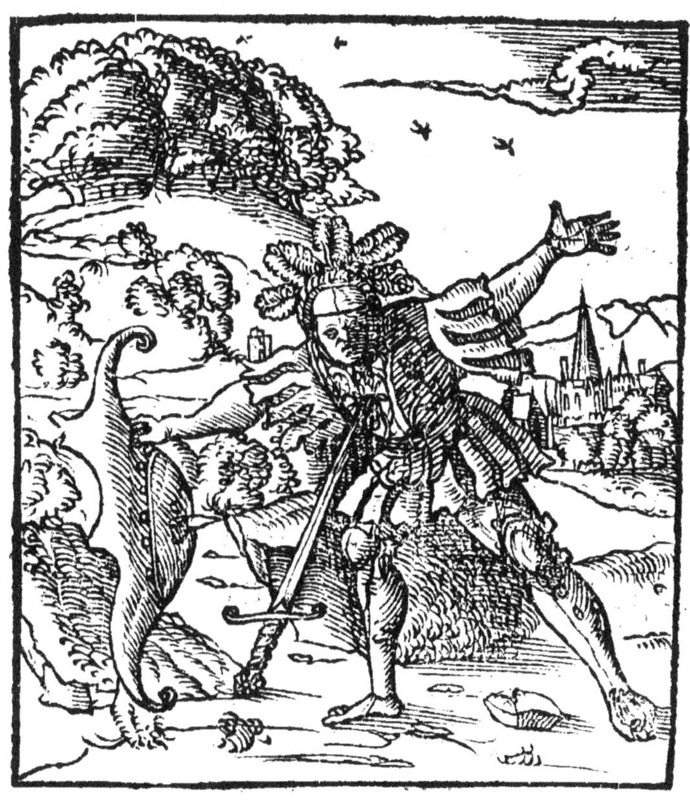

Cæsareo postquàm superatus milite uidit
Ciuili undantem sanguine Pharsaliam,
Iamiam stricturus moribunda in pectora ferrum,
Audaci hos Brutus protulit ore sonos:
Infelix uirtus & solis prouida uerbis,
Fortunam in rebus cur sequeris dominam?

Liuret des Emblemes de Andre Alciat.

Fortune surmontant Vertu.

Brutus par Cesar surmonte/
Se tua surpris de destresse:
Mais premier questre ainsy dompte/
Pronunca telle parolle expresse:
Vertu malheureuse en adresse/
Qui ne es que en parler opportune/
Que ne es tu ez choses maistresse/
Sans estre seruante a fortune.

Ex literarum ſtudijs inmortalitatem acquiri.

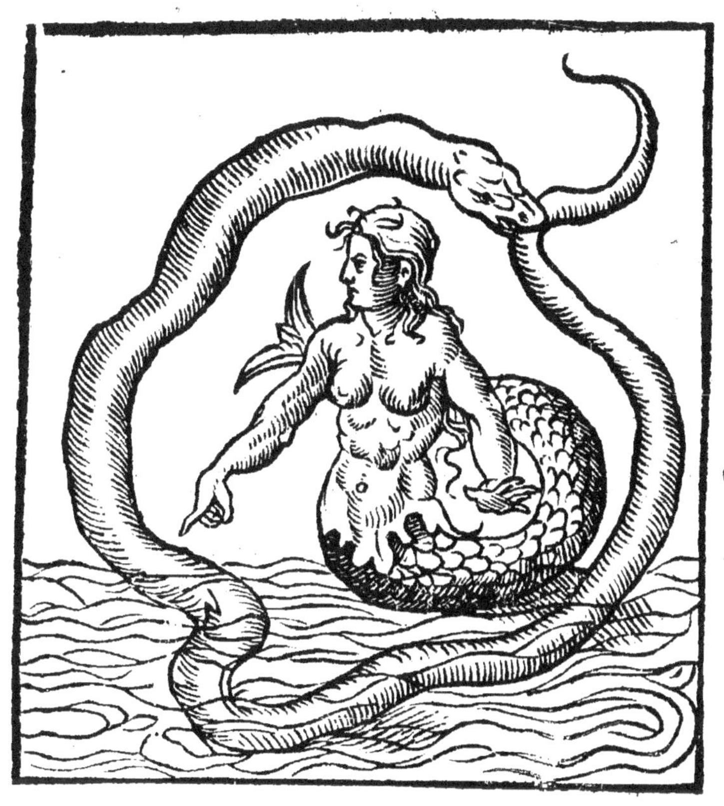

Neptuni tubicen, cuius pars ultima cetum,
Aequoreum facies indicat eſſe Deum.
Serpentis medio Triton comprenditur orbe,
Qui caudam inſerto mordicus ore tenet.
Fama uiros animo inſignes præclaráq; geſta
Proſequitur, toto mandat & orbe legi.

Liuret des Emblemes de
Andre Alciat.

De lestude immortalite se acquiert.

Le serpent qui sa queue retient/
Lan/ou bien grand temps nous designe.
Triton (qui au milieu se tient)
De publication rend signe/
Cellup qui par letre est insigne/
Renommee son nom publie/
Dont il est deuant tous si digne/
Que au grant iamais on ne loblie.

Custodiendas uirgines.

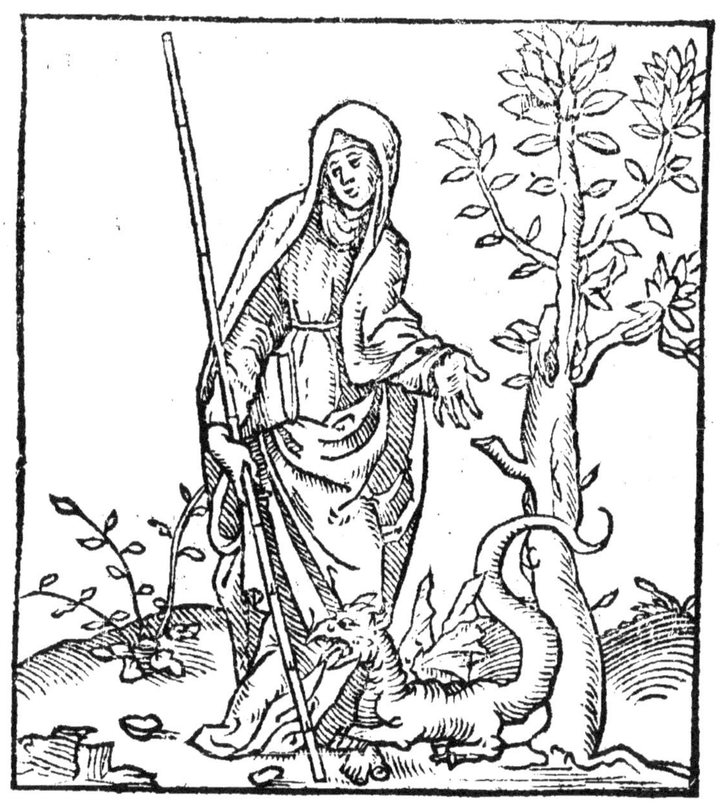

Vera hæc effigies innuptæ est Palladis, eius
Hic draco, qui dominæ constitit ante pedes.
Cur diuæ comes hoc animal? custodia rerum
Huic data. sic lucos sacráq; templa colit.
Innuptas opus est cura asseruare puellas
Peruigili, laqueos undiq; tendit amor.

Vierges doit son bien garder.

Cest ycy de Palas lymaige/
Que vng dragon garde par grāde cure/
Affin quon ny face dommaige.
Ce que nest pas fait sans figure:
Car il monstre que vierge pure/
Se doibt garder songneusement:
Veu quamour chasse de nature/
La maculer honteusement.

Auxilium nunquam deficiens.

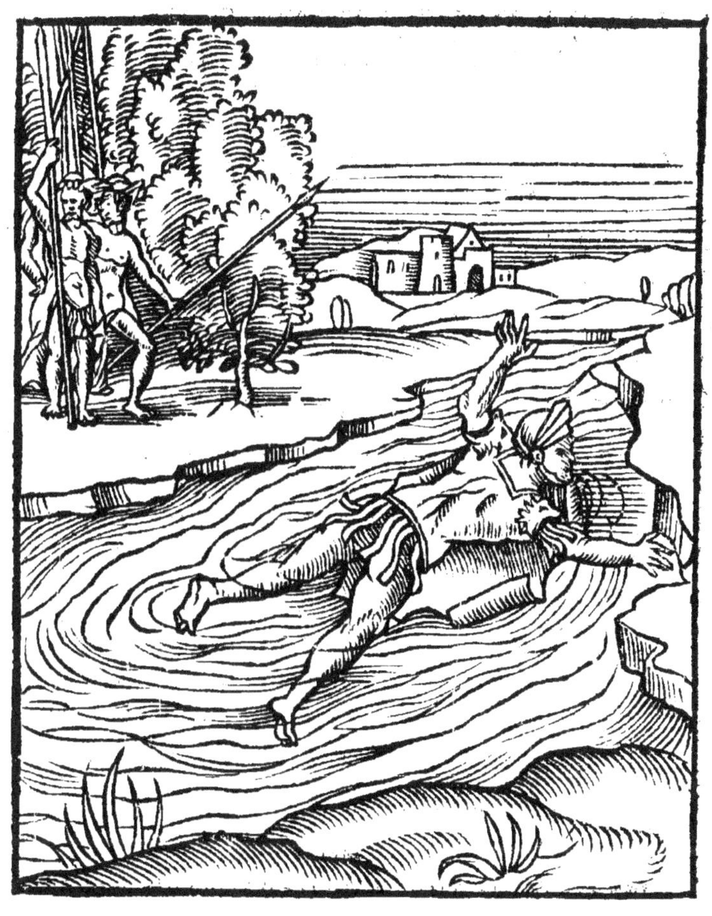

Bina pericla unis effugi sedulus armis,
Cùm premererq́; solo, cùm premererq́; salo.
Incolumem ex acie clypeus me præstitit, idem
Nauifragum apprensus littora adusq; tulit.

Ayde qui point ne fault.

Pendant que iestoys en la guerre
Beaucoup de bien me feist ma targe:
Et ores que suys hors de terre/
Tant fais que auec elle ie nage.
Quant lhomme a Vigoureux couraige/
Et Dieu sacorde a luy ayder/
Il ne fault pas grande aduantaige/
Pour bien gros peril euader.

Amor filiorum.

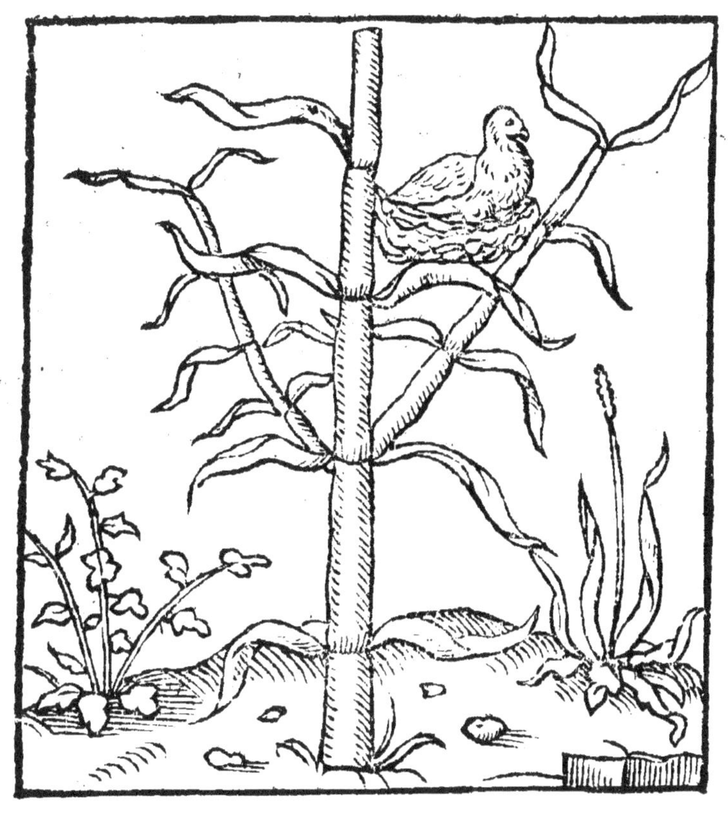

Ante diem uernam boreali cana palumbes
Frigore nidificat, præcoqua & oua fouet.
Mollius & pulli ut iaceant sibi uellicat alas,
Queis nuda hyberno deficit ipsa gelu.
Ecquid Colchi pudet, uel te Procne improba, mortem
Cùm uolucris propriæ prolis amore subit?

Liuret des Emblemes de Andre Alciat.

Amour aux enfans.

De puer le ramier ses oeufz feist:
Et par froit les voulut couuer:
Lors de ses plumes se deffeist/
Pour ses oeufz du grand froict sauluer:
Mort le print. en quoy veulx prouuer/
Que Medee/ & les rudes meres/
Doibuent grand vergongne trouuer/
Destre plus que vng oyseau ameres.

Ex bello pax.

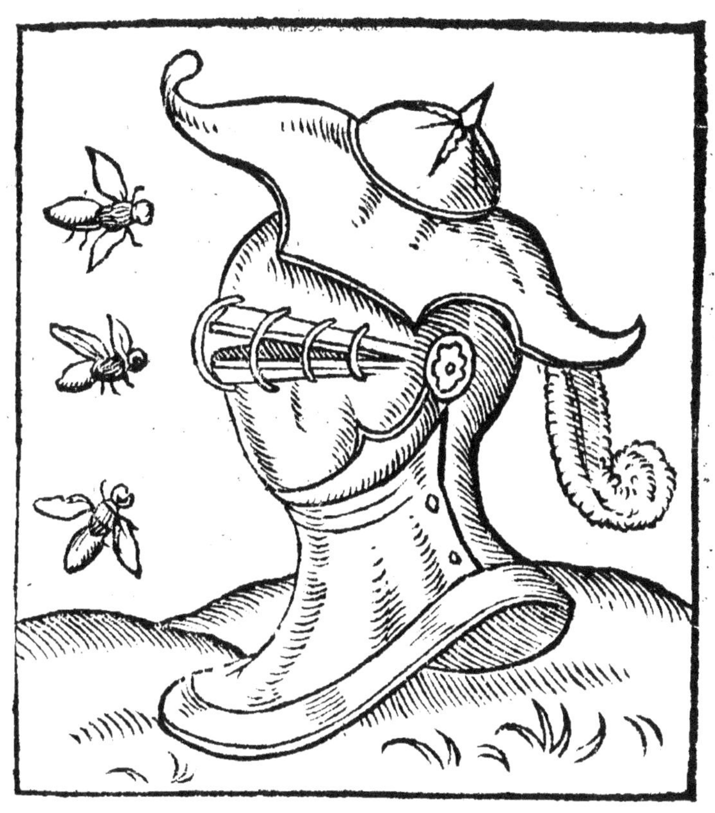

En galea intrepidus quam miles gesserat, & quæ
Sæpius hostili sparsa cruore fuit,
Parta pace apibus tenuis concessit in usum
Alueoli, atque fauos gratáque mella gerit.
Arma procul iaceant, fas sit tunc sumere bellum,
Quando aliter pacis non potes arte frui.

De Guerre Paix

Larmet dung hardy chevalier.
En temps de paix fut de repos:
Des mousches a miel vng misier/
Lont trouue pour elles dispos:
Tost y ont faict leurs petitz potz/
Mettans miel/ou meist sang la guerre:
Soit donc noise hors de tous propos
Qui nest aultremẽt pour paix acquerre.

Submouendam ignorantiam.

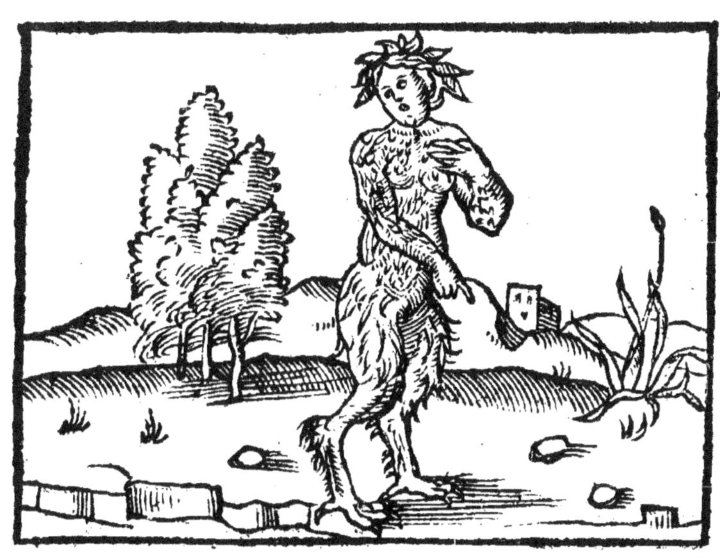

Quod monstrũ id? Sphinx est. cur cãdida uirginis ora,
Et uolucrum pennas, crura leonis habet?
Hanc faciem assumpsit rerum ignorantia: tanti
Scilicet est triplex causa & origo mali.
Sunt quos ingenium leue, sunt quos blanda uoluptas,
Sunt & quos faciunt corda superba rudes.
At quibus est notum quid Delphica litera possit,
Præcipitis monstri guttura dira secant.
Nãq; uir ipse, bipésq; tripésq; & quadrupes idẽ est,
Primáq; prudentis laurea, nosse uirum.

Lon doibt oster Ignorance.

Sphinx est pucelle de visaige/
En plume oyseau/des piedz lyon:
Ignorance a sur nous usaige/
Pour trois vices/dont nous lions:
Quelz? que peu nous humilions/
Que auons volupte/inconstance:
De tous lesquelz nous deslions
Quant auons de nous congnoissance.
Vel Quant lhõme a se cõgnoistre pense.

Semper præsto esse infortunia.

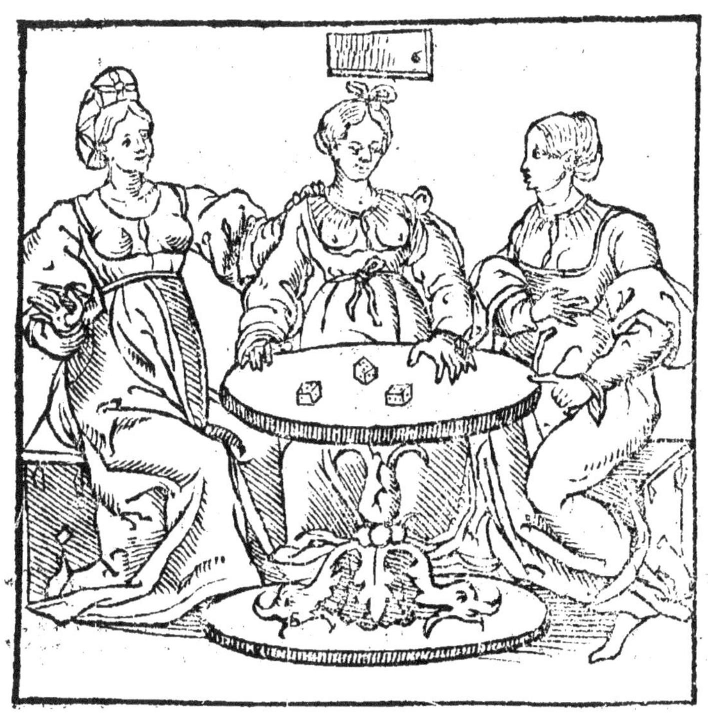

Ludebant parili tres olim ætate puellæ
Sortibus, ad stygias quæ prior iret aquas.
Ast cui iactato malè cesserat alea talo,
Ridebat sortis cæca puella suæ:
Cùm subito icta caput labente est mortua tecto,
Soluit & audacis debita fata ioci.
Rebus in aduersis mala sors non fallitur: ast in
Faustis, nec precibus, nec locus est manui.

Infortunes tousiours prochaines/

Troisfillettes iouans au sort
Laquelle premiere mourra/
La perte dessus lune sort/
Qui de moquerie de ce au cueur a:
Mais le malheur luy demoura/
Car vne tuille du toict cheut/
Qui du coup sa vie deuora/
Et selon son sort luy mescheut.

Mentem, non formam plus pollere.

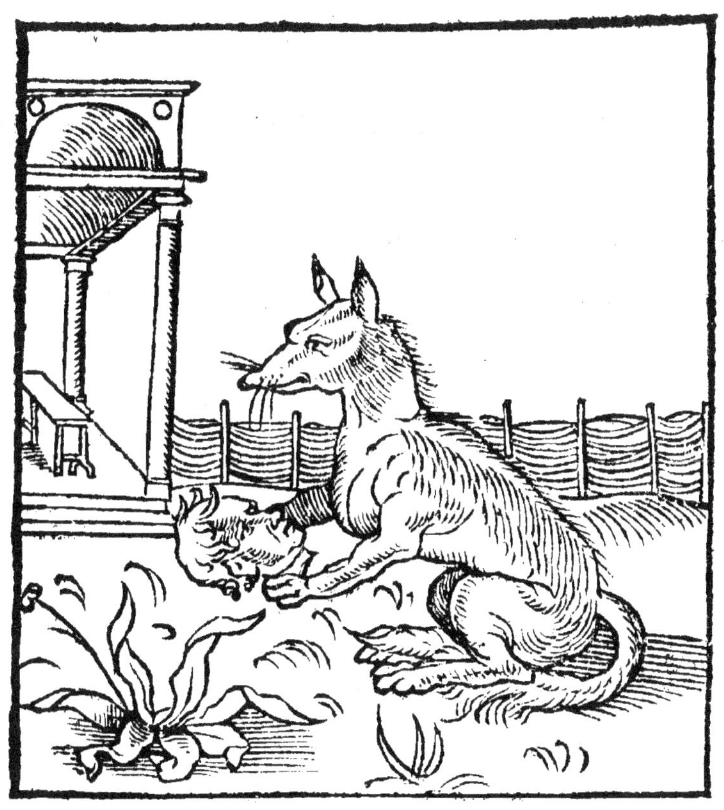

Ingreſſa uulpes in Choragi pergulam,
Fabrè expolitum inuenit humanum caput,
Sic eleganter fabricatum, ut ſpiritus
Solùm deeſſet, cæteris uiuiſceret:
Id illa cùm ſumpſiſſet in manus, ait:
Hoc quale caput eſt, ſed cerebrum non habet.

Livret de Emblemes de Andre Alciat.

Le sens plus requis que Beaulte.

Une teste faicte de marbre
Fut ung iour du Regnart trouuee:
En passant par dessoubz ung arbre/
Laquelle il eust tantost leuee.
Voicy teste bien acheuee:
Dist il, dung art moult nouueau:
Mais elle est en ung poinct greuee/
Car elle na poinct de cerueau.

Fedri fabularum, lib. 1. fab. VII. edit. 1702.

Personam tragicam forte vulpes viderat:
O quanta species, inquit, cerebrum non habet.
Hoc illis dictum est, quibus honorem, et gloriam
Fortuna tribuit, sensum communem abstulit.

La fontaine, fables, liv. 4. fab. 14. ed. 1743.

Les grands, pour la plupart, sont masques de théâtre;
Leur apparence impose au vulgaire idolâtre,
L'Ane n'en sait juger que par ce qu'il en voit:
Le renard au contraire à fond les examine,
Les tourne de tout sens; et quand il s'apperçoit
Que leur fait n'est que bonne mine,
Il leur applique un mot qu'un buste de héros
Lui fit dire fait à propos.
C'étoit un buste creux et plus grand que nature.
Le renard en louant l'effort de la sculpture,
Belle tête, dit-il, mais de cervelle point.
Combien de grands seigneurs sont bustes en ce point!

In facilè à uirtute desciscentes.

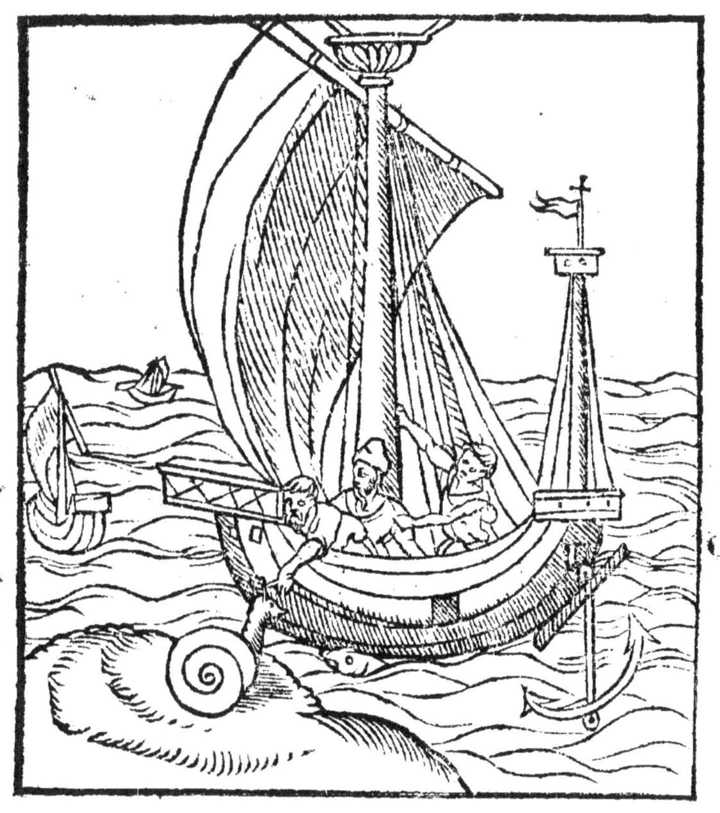

Parua uelut limax Remora spreto impete uenti,
Remorúmque ratem sistere sola potest.
Sic quosdam ingenio & uirtute ad sydera uectos,
Detinet in medio tramite causa leuis.
Anxia lis ueluti est, uel qui meretricius ardor
Egregijs iuuenes seuocat à studijs.

Liuret des Emblemes de Andre Alciat.

A ceulx qui facilement laissent vertus.

Il est des gens/dont la nature
Est si noble heureuse & puissante/
Que si suyuoient leur aduenture/
Ilz auroient vers tout bon heur sante*:
Peu de cas retient leur entente/
Com Remora grand nef retient:
Ainsi amours proces pour rente/
Lestude a vifz espritz detient.

Austrement.

Aulcuns vigoureux desperit
Se arrestent a petit de chose/
Ce pendant leur temps se perist/
Aux amours proces noise enclose:
Ilz laissent loix/vers latins prose/
Pour satisfaire a leur facon.
Cest comme la nef qui repose/
Par Remora petit poisson.

* Sente : Sentier. petit chemin. Semite.
Le desir importun aux petits d'estre grands,
Hors du commun sentier bien souvent les destourne.
Remi Belleau tome 2. fol. 78. v° 1578.

Prudentes uino abstinent.

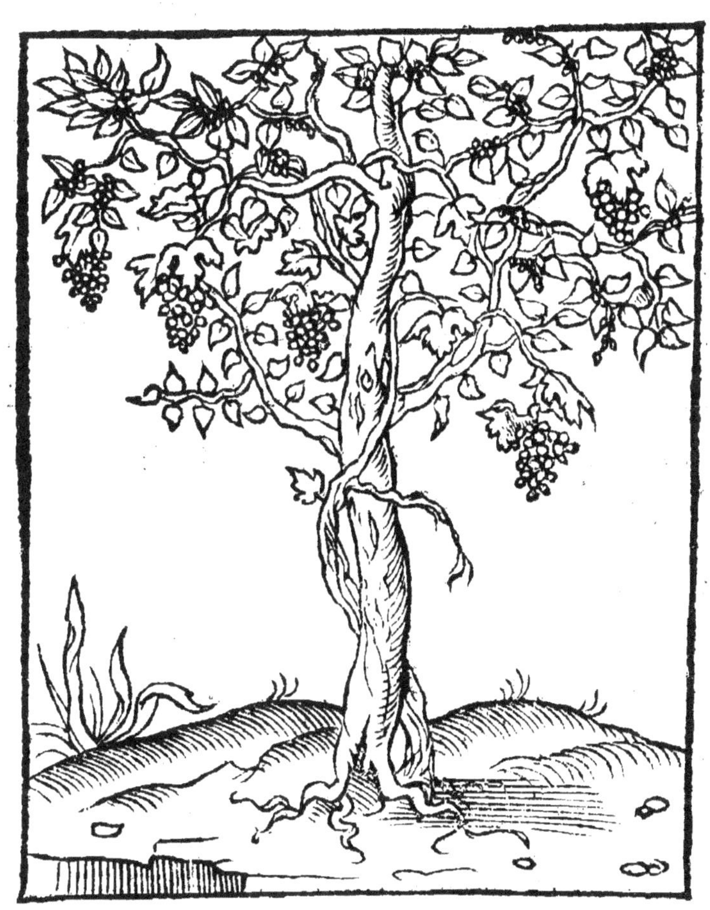

Quid me uexatis ramis? sum Palladis arbor,
Auferte hinc botros, uirgo fugit Bromium.

Liuret des Emblemes de Andre Alciat.

Les prudens se abstiennent de vin.

Quant a moy ton ramage arriue
Je men fasche/entends tu bien vigne:
Larbre de Pallas suis oliue.
Qui me veulx rendre a vierge digne:
Laisse donc mon estat insigne/
Me ostant tes raisins & sarment.
Fille aymant de vertus la ligne/
Fuyt le vin & vit sobrement.

In auaros.

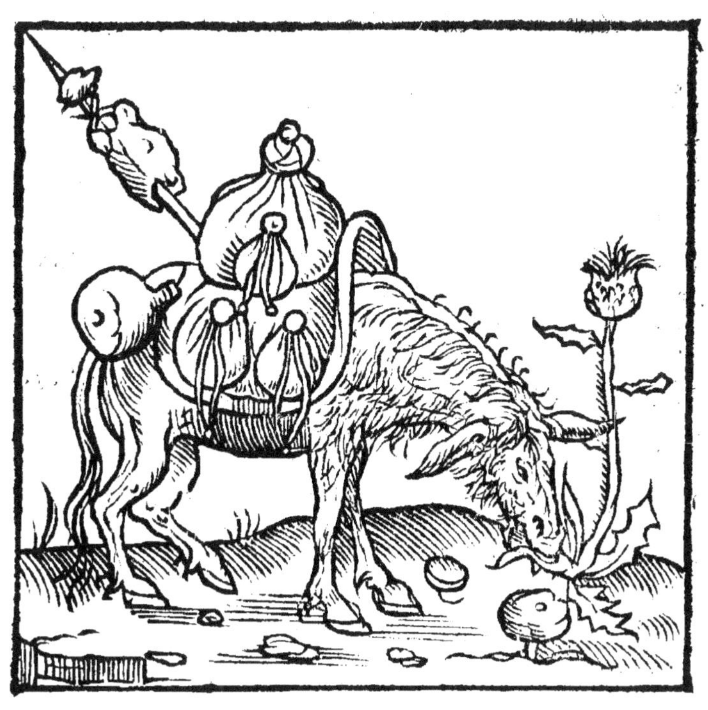

Septitius populos inter ditißimus omnes.
Arua ſenex nullus quo magis ampla tenet.
Defraudans geniúmque ſuum, menſásque paratas,
Nil præter betas, duráque rapa uorat.
Cui ſimilem dicam hunc inopem quem copia reddit,
An ne aſino? ſic eſt, inſtar hic eius habet.
Nanq; aſinus dorſo precioſa obſonia geſtat,
Séque rubo aut dura carice pauper alit.

Liuret des emblemes de Andre Alciat.

Contre Auaricieux.

Vng riche homme auaricieux
A qui la terre ne suffist/
Perd somme & pastz delicieux/
Pour faire temporel proffict:
Dont semble a lasne/auquel lon feist
Porter du pain/vin/& chair dons:
Et il en malheur tout confict/
Ne menge que herbes & chardons.

Maturandum.

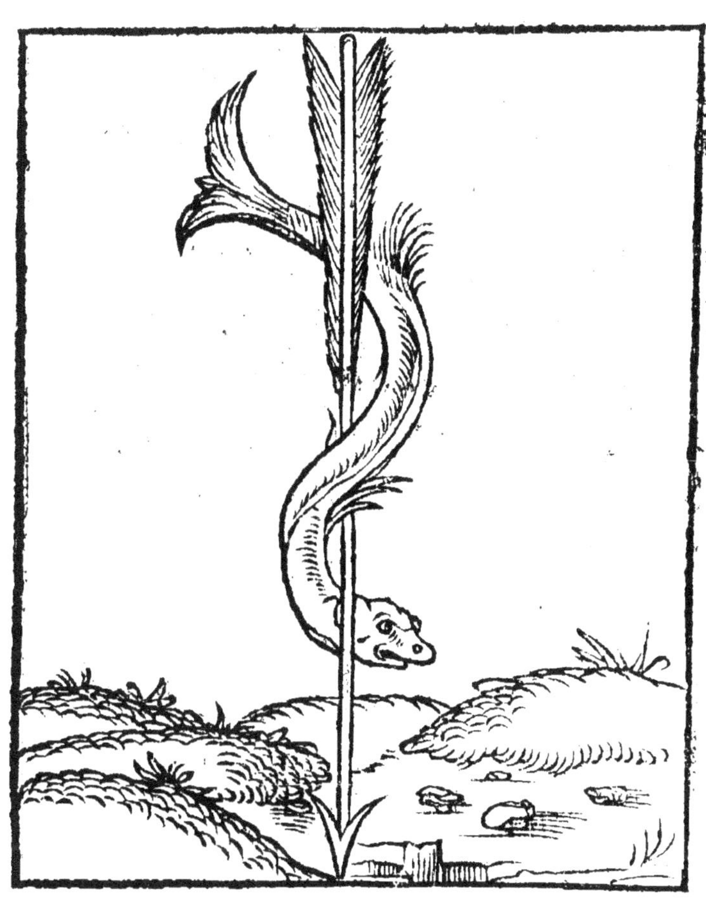

Maturare iubent properè & cunctarier omnes,
Ne nimium præceps, neu mora longa nimis.
Hoc tibi declaret connexum echeneide telum:
Hæc tarda est, uolitant spicula missa manu.

Liuret des Emblemes de
Andre Alciat.

Tost.bellement. (Festina lente.)

Il fault courir tout bellement.
Et soy a grant loysir haster.
Trop tost nest pas fait saigement.
Trop tard se doibt precipiter.
Le traict donc quon scait tost getter/
Et Remore a course enuyeuse/
Ensemble a loy sceu rapporter/
Pour monstrer diligence oyseuse.

In Astrologos.

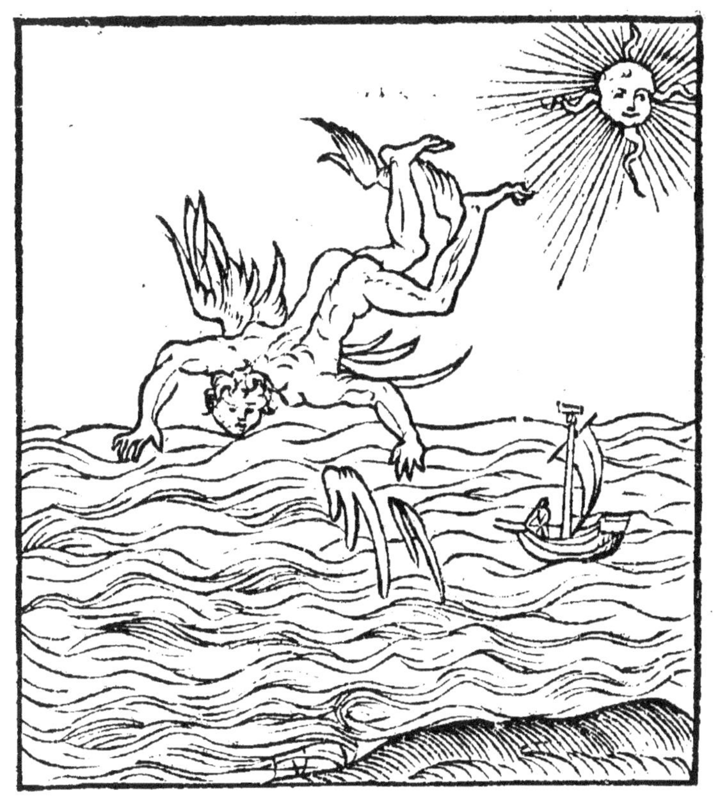

Icare per ſuperos qui raptus & aëra, donec
In mare præcipitem cera liquata daret.
Nunc te cera eadem feruensq; reſuſcitat ignis,
Exemplo ut doceas dogmata certa tuo.
Aſtrologus caueat quicquam prædicere, præceps
Nam cadet impoſtor dum ſuper aſtra uehit.

Liuret des Emblemes de Andre Alciat.

Contre Aſtrologues.

Icarus cheut dedans la mer
Par trop grand exaltation:
Cil qui veult le ciel entamer/
Eſt trop plain de preſumption:
Doncques ſur ceſte fiction/
Doibuent garder les aſtrologues/
Que leur haulte diſcuſſion/
Les mette ou dieu reduict tous rogues.

A minimis quoque timendum.

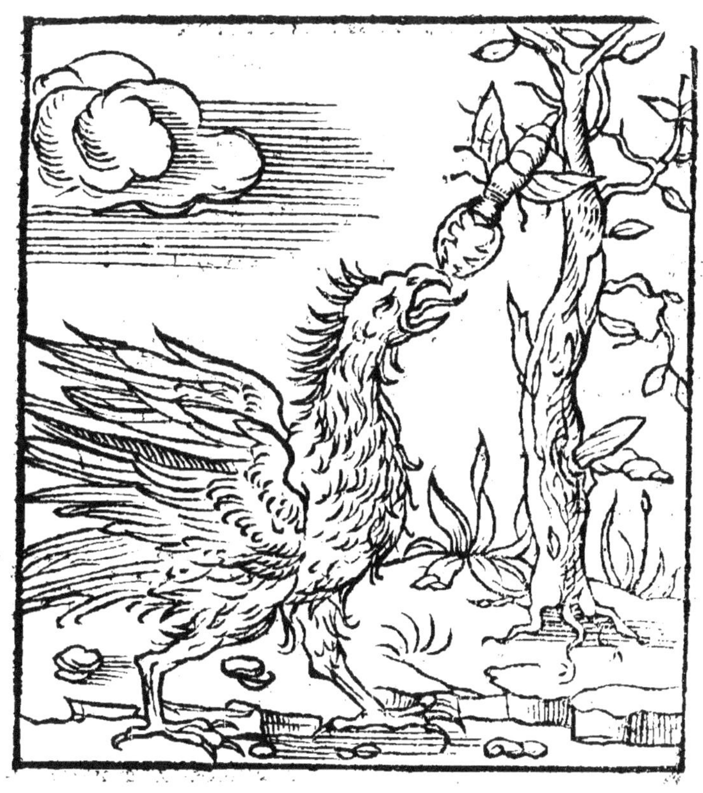

Bella gerit Scarabæus, & hostem paouocat ultrò
Robore & inferior, consilio superat.
Nam plumis Aquilæ clam se neque cognitus abdit,
Hostilem ut nidum summa per astra petat.
Ouáque confodiens prohibet spem crescere prolis,
Hócque modo illatum dedecus ultus abit.

Des petitz se doit lon doubter.

Laigle eust au cerf volant debat:
Dont elle fait bien peu de compte/
Comme petit pour son combat/
Mais lautre emmy ses plumes monte
Ainsi porte fut de elle prompte
Au nid/ou tous les oeufz il casse.
Moinsfort de corps/par art surmonte.
Souuent nuyt condition basse.

Parem delinquentis & ſuaſoris culpam eſſe.

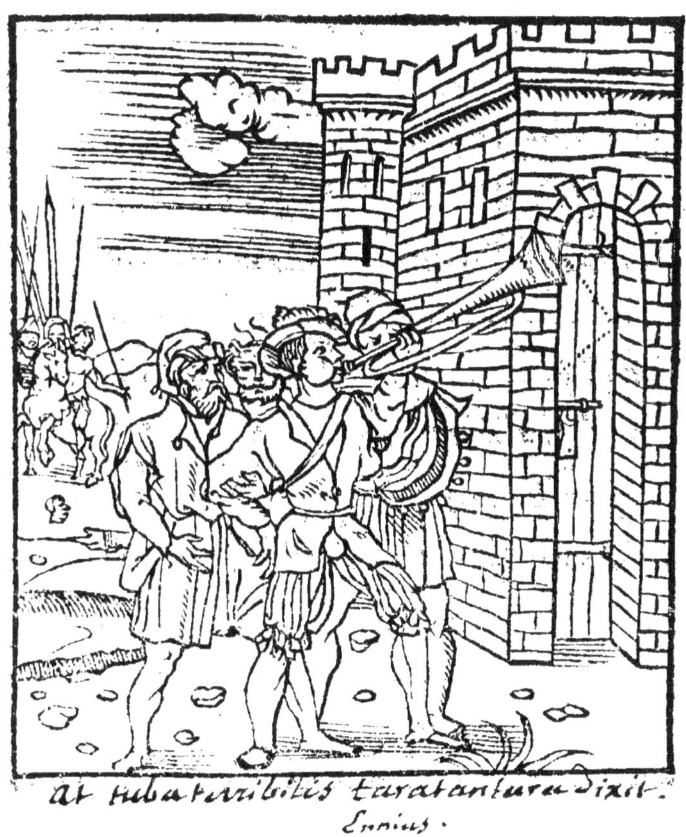

at tuba terribilis taratantara dixit. Ennius.

Præconem lituo perflantem claßica uictrix
  Captiuum in tetro carcere turma tenet.
Queis ille excuſat, quòd nec ſit ſtrenuus armis,
  Vllius aut ſæuo læſerit enſe latus.
Huic illi, quin ipſe magis timidißime peccas,
  Qui clangore alios æris in arma cies.

Liuret des Emblemes de
Andre Alciat.

Le conseil pugny comme
le deffaillant.

Selon que guerre en sa tempeste
Rend prospere ou dure saison/
Lon print ladversaire trompette
Quon mist pour mourir en prison:
Il sexcusoit sur sa raison
Quil na despee faict oultrage:
Tu es (fist on) pire poison/
Car tu rends aux couars couraige.

Firmißima conuelli non posse.

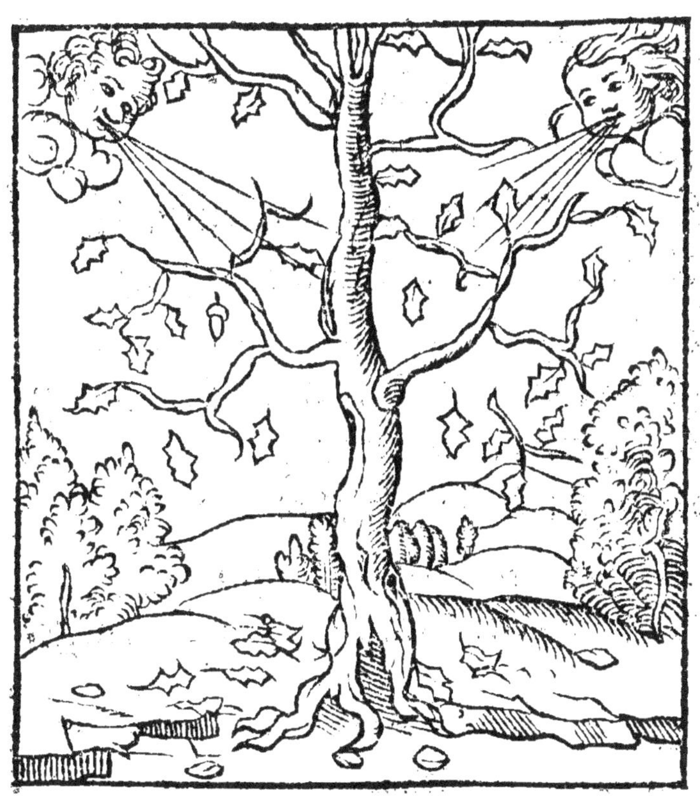

Oceanus quamuis fluctus pater excitet omnes
 Danubiúmque omnem barbare Turca bibas,
Non tamen erumpes perfracto limite, Cæsar
 Dum Charlus populis bellica signa dabit.
Sic sacræ quercus firmis radicibus adstant
 Sicca licet uenti concutiant folia.

Liuret des Emblemes de Andre Alciat.

Fermes ne se peuent arracher.

Jacoit que en nous venant chercher/
Thurc estranger la mer suscites:
Et que le Nil faces secher/
En abbreuuant tes exercites:
Si nauras tu ia noz limites/
Tant que Charles garder les vueille.
Comme le vent vng Chesne excite/
Et nen remue que la fueille.

Cum laruis non luctandum.

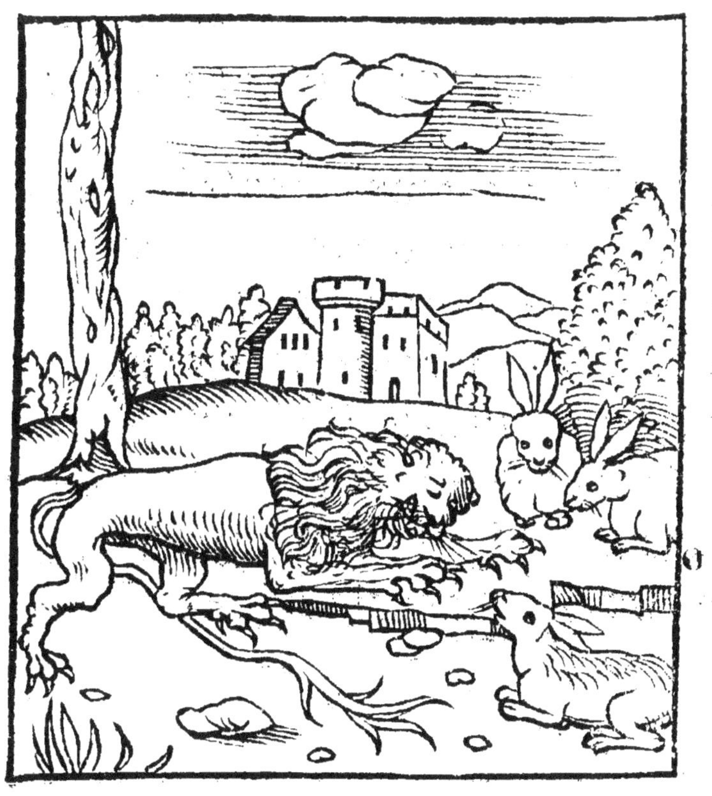

Aeacidae moriens percussu cuspidis Hector
  Qui toties hosteis uicerat antè suos,
Comprimere haud potuit uocem insultantibus illis,
  Dum curru & pedibus nectere uincla parant.
Distrahite ut libitum est, sic caßi luce leonis
  Conuellunt barbam uel timidi lepores.

Liuret dez Emblemes de Andre Alciat.

Non lucter contre ung mort.

Hector iuſque a la mort bleſſe/
Fut par les Grecs ſes haineux pris:
Et tantoſt de cordes trouſſe/
Lors dit a ceulx qui ſont ſurpris:
Faictes comme auez entrepris:
Ores ie vois vray le prouerbe/
Que au lyon ia de mort empris/
Les lieures vont tirer la barbe.

Aliquid mali propter uicinum malum.

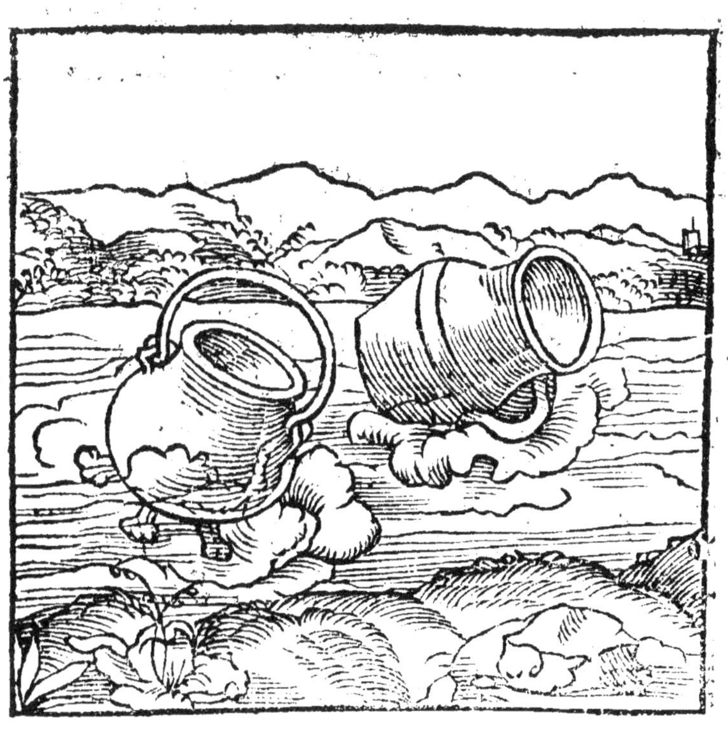

Raptabat torrens ollas, quarum una matallo,
Altera erat figuli terrea facta manu:
Hanc igitur rogat illa uelit sibi proxima ferri,
Iuncta ut præcipites utraque sistat aquas:
Cui lutea, haud nobis tua sunt commercia curæ,
Ne mihi proximitas hæc mala multa ferat.
Nam seu te nobis, seu nos tibi conferat unda,
Ipsa ego te fragilis sospite sola terar.

Liuret des Emblemes de
Andre Alciat.

Voisinage peult rendre mal.

La riuiere portoit deux potz/
Lung de terre lautre de cuyure:
Qui dit au foible telz propos.
Viens pres moy ton chemin pour suyure.
Je ne te veulx (dit lautre) suyure/
Ny aulcunement approcher:
Car tost me garderoys de viure/
Si me laissoys a toy toucher.

Le pot de fer proposa
Au pot de terre un voiage.
Celui-ci s'en excusa,
Disant qu'il feroit que sage
De garder le coin du feu;
Car il lui falloit si peu,
Si peu, que la moindre chose
De son débris seroit cause:
Il n'en reviendroit morceau.
Pour vous, dit-il, dont la peau
Est plus dure que la mienne,
Je ne vois rien qui vo. tienne.
No. vo. mettrons à couvert,
Repartit le pot de fer:
Si quelque matière dure
Vous menace d'aventure,
Entre deux je passerai,
Et du coup vous sauverai.
Cette offre le persuade.
Pot de fer son camarade
Se met droit à ses côtés.
Mes gens s'en vont à trois pieds
Clopin clopant comme ils peuvent,
L'un contre l'autre jettés,
Au moindre hoquet q.ils treuvent.
Le pot de terre en souffre; il
n'eut pas fait cent pas
Que par son compagnon il fut
mis en éclats,
Sans q.l eût lieu de se plaindre.
Ne no. associons qu'avec nos
égaux,
Ou bien il no. faudra craindre
Le destin d'un de ces pots.

Lafontaine, fab. livre 5.
fable 2.

In senatum boni principis.

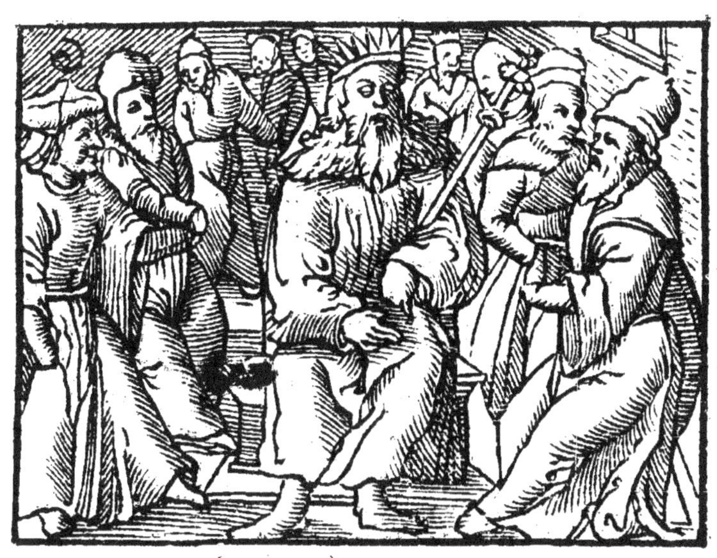

Effigies manibus truncæ ante altaria diuûm
Hic resident, quarum lumine capta prior.
Signa potestatis summæ, sanctiq; senatus
Thebanis fuerant ista reperta uiris.
Cur resident? quia mente graues decet esse quieta
Iuridicos, animo nec uariare leui.
Cur sine sunt manibus? capiant ne xenia, nec se
Pollicitis flecti muneribusue sinant,
Cæcus at est princeps, quòd solis auribus absque
Affectu, constans iussa senatus agit.

Le parlement du bon prince.

Ces gens sans mains qui sont assis/
Sont ceulx dont iustice est pourueue:
Ilz soient ayans le sens rassis:
En don chose nest deulx receue.
Leur prince priue de sa veue/
Ne peult apercevoir personne:
Et iuge par sentence deue/
Selon que en loreille on luy sonne.

In deprehensum.

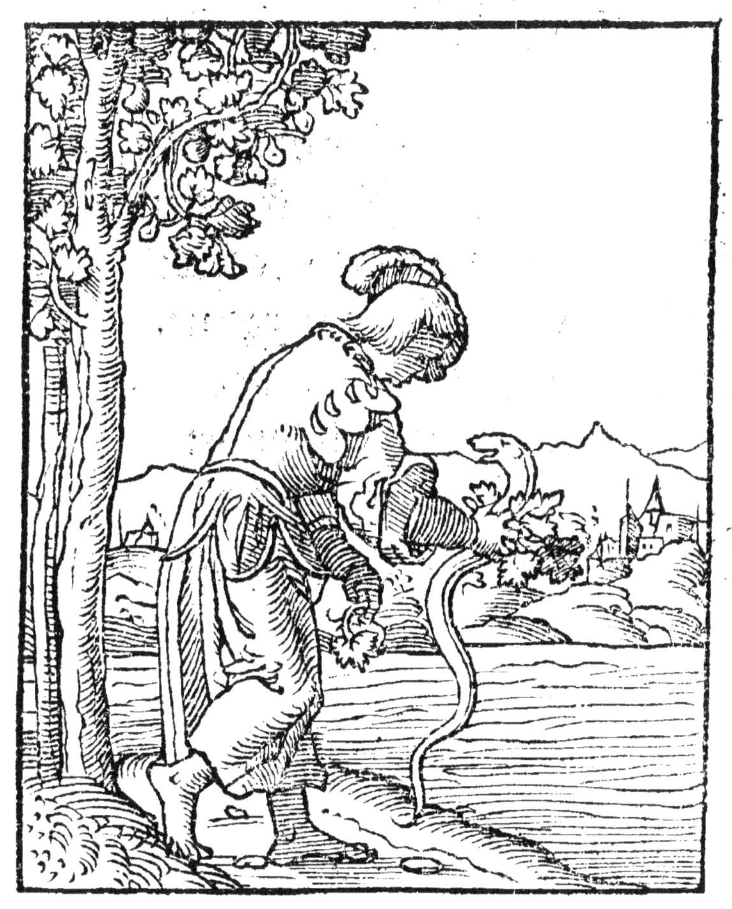

Iamdudum quacunque fugis te persequor. at nunc
  Caßibus in nostris denique captus ades.
Amplius haud poteris uires eludere nostras,
  Ficulno anguillam strinximus in folio.

Au surprins.

Toutes les fois que tay happee/
Et que te pensoye bien tenir/
Tousiours tu mestoye eschappee/
Et ne tauoye peu retenir.
Ores puis ie a tous maintenir/
Quay languille colant aquise:
Peu quon la me voit soustenir/
Entre fueilles de figuier prise.

In fidem uxoriam.

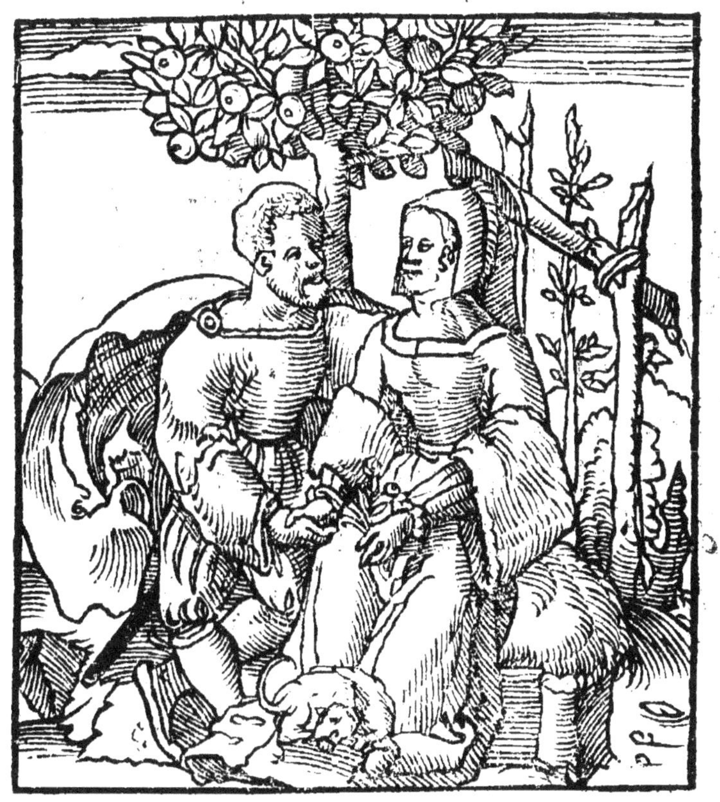

Ecce puella uiro quæ dextra iungitur, ecce
Vt ſedet, ut catulus luſitat ante pedes.
Hæc fidei eſt ſpecies, Veneris quam ſi educat arbor,
Malorum in leua non malè ramus erit:
Poma etenim Veneris ſunt, ſic Scheneida uicit
Hippomanes, petijt ſic Galathea uirum.

Liuret des Emblemes de Andre Alciat.

Foy de femme.

Par le chien qui ayme en grant craincte/
Par lhomme et fille en main touchans/
La foy de mariage est paincte.
Pommes y sont ardeur couchans:
Car Venus aux amour cherchans
Donna par pommes du remede:
Galathee ainsi par les champs
De pommes en son amour mist ayde.

Quod non capit Christus, rapit fiscus.

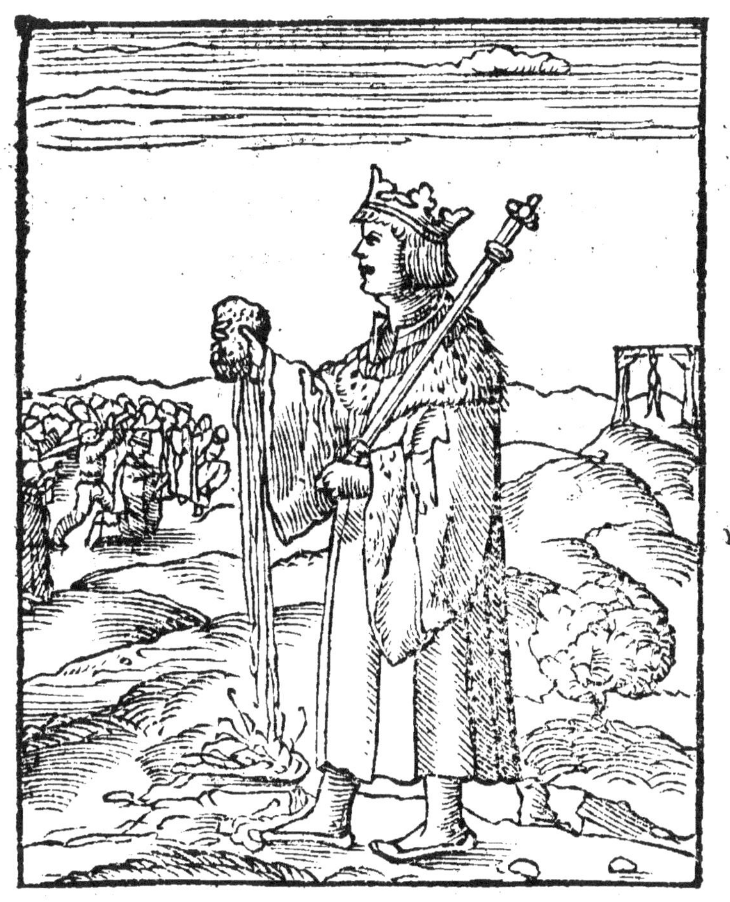

Exprimit humentes quas iam madefecerat antè
Spongiolas, cupidi Principis arcta manus.
Prouehit ad summum fures, quos deinde cohercet,
Vertat ut in fiscum quæ malè parta suum.

Liuret des Emblemes de Andre Alciat.

Ce que nest a Christ/est au fisc.

Quant lesponge est plaine de humeurs/
Lon lestrainct pour luy faire rendre:
Comme il se faict a ces humeurs/
Quon trouue trop scauans a prendre/
Quant que vng larron gaigne a pendre/
Il acquiert pour sa mort dresser/
Affin que sil y fault despendre.
Lon sen puisse recompenser.

Vel

Ainsi quant y fault despendre/
Lon trouue a sen recompenser.

Nec quæstioni quidem cedendum.

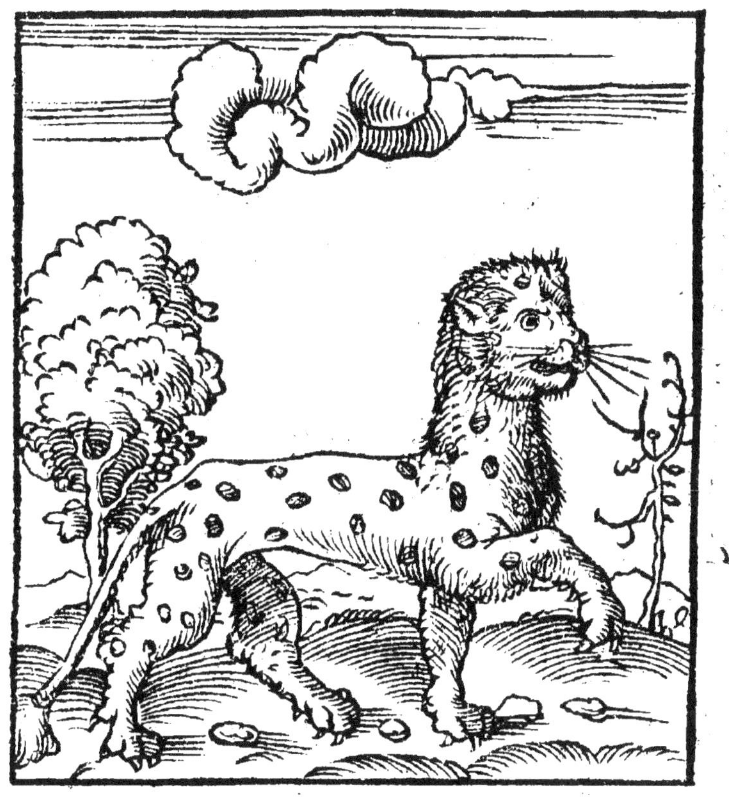

Cecropia effictam quam cernis in arce leænam,
Harmodij, an nescis hospes? amica fuit.
Sic animam placuit monstrare uiraginis acrem
More feræ, nomen uel quia tale tulit.
Quòd fidibus contorta suo non prodidit ullum
Indicio, elinguem reddidit Iphicrates.

Liuret des Emblemes de André Alciat.

Ne se faindre pour la question.

Leena fille de peché/
Tant bien a ses amys celé/
Quon eust plustost son cueur tranché/
Quelle en eust vng seul reuelé.
Image est sur son nom dolé/
Et mis au temple pour recors:
Femme ayant sobrement parlé/
Mais que fist trop pis de son corps.

In temerarios.

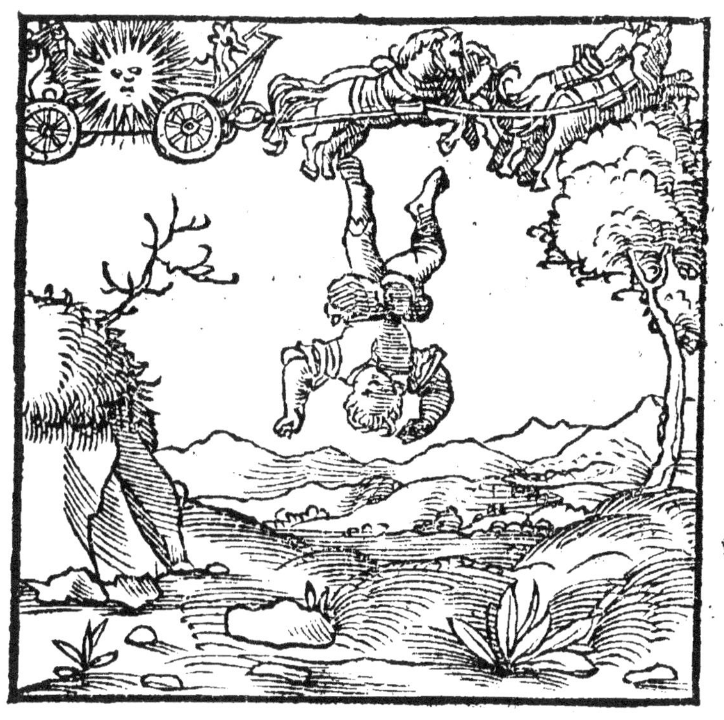

Aspicis aurigam currus Phaëthonta paterni
    Igniuomos ausum flectere Solis equos.
Maxima qui postquàm terris incendia sparsit,
    Est temere insesso lapsus ab axe miser.
Sic plærique rotis fortunæ ad sydera Reges
    Euecti, ambitio quos iuuenilis agit.
Post magnam humani generis cladémque suámque,
    Cunctorum pœnas denique dant scelerum.

Liuret des Emblemes de
André Alciat.

Contre temeraires.

Phaeton trop fier pour son lignaige/
Le Soleil conduire voulut:
Les cheuaulx trop fors son aage/
Lont pugny de ce quil esleut.
Maint hōme est/que mieulx luy valut/
Que en ieune aage eust mois eu richesse:
Car apres estat dissolut/
Il chet soubz le mal qui le presse.

De morte & Amore.

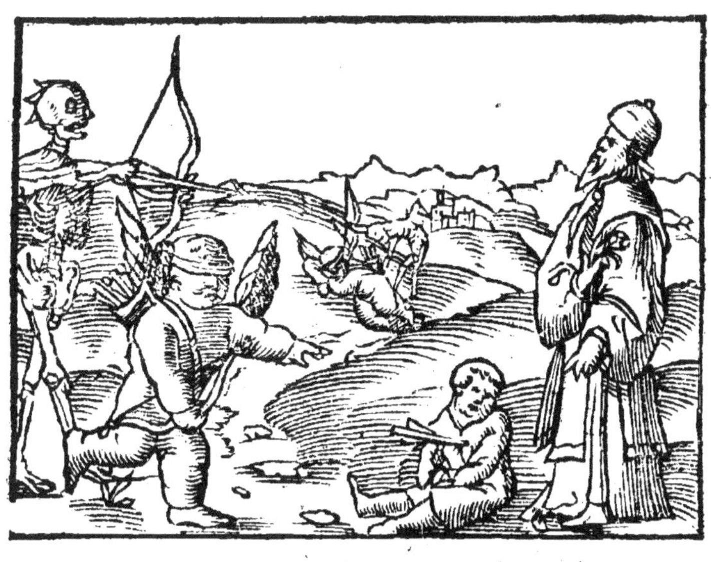

Errabat ſocio Mors iuncta Cupidine. ſecum
Mors pharetras, paruus tela gerebat Amor:
Diuertére ſimul, ſimul una & nocte cubarunt,
Cæcus Amor, Mors hoc tempore cæca fuit.
Alter enim alterius malé prouida ſpicula ſumpſit
Mors aurata, tenet oſſea tela puer.
Debuit inde ſenex qui nunc Acheronticus eſſe,
Ecce amat, & capiti florea ſerta parat.
Aſt ego mutato quia amor me perculit arcu,
Deficio, miſciunt & mihi fata manum.
Parce puer, Mors ſigna tenens uictricia parce,
Fac ego amem, ſubeat fac Acheronta ſenex.

Livret des Emblemes de Andre Alciat.

De mort et amour:

Mort & amour apres vin boire:
Changerent de fleſches & de arcs:
Et ſur cecy debuez vous croire/
Que auſſi firent de force & de ars:
Mort cuydant tuer ſes ſouldars/
Vieilles gens en amours mettoit:
Et Cupido gettant ſes darts/
Aux ieunes gens la vie oſtoit.

In formosam fato præreptam.

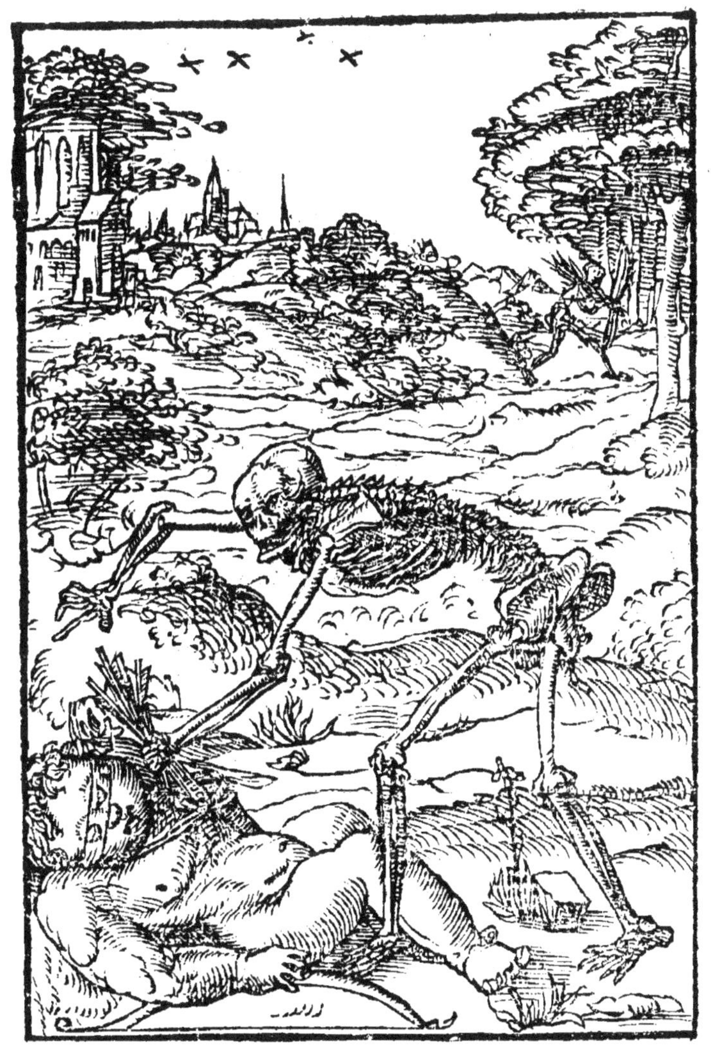

Cur puerum Mors ausa dolis es carpere Amorem,
Tela tua ut iaceret, dum propria esse putat?

Liuret des Emblemes de Andre Alciat

De la belle qui mourut.

Mort pourquoy es tu tant hardie/
De lenfant amoureux reprendre?
Il fault que pour luy ie te die/
Que tort fais a son aage tendre:
Sil cuydoit son plaisant arc tendre/
Et ayt tes traitz noirs transgectes:
Cest par toy/qui las sceu surprendre:
Luy machinant oultraiges telz.

Encor sur lhistoire.

Pourquoy batz tu mort lẽfãt amoureux
Sil faict mourir en cuydãt faire aymer?
Rẽds luy sa flesche/& prẽs tõ dard amer:
Lors fera il exploix moins dangereux.

Sur ce mesmes.

Mort qui te faict Cupido battre?
Il faict dessus moy entreprise.
Pourquoy as tu sa flesche prise?
Je men veulx sur les vieux esbatre.

In statuam Bacchi.

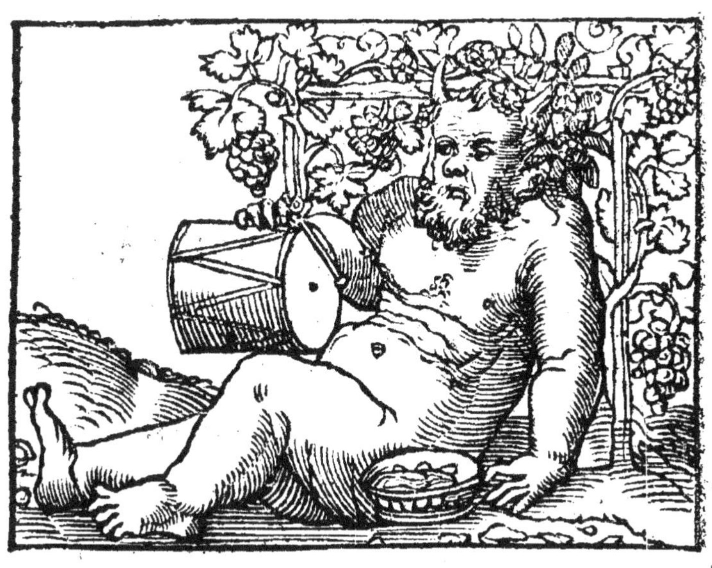

Bacche pater quis te mortali lumine uouit,
Et docta effinxit hinc tua membra manus?
Praxiteles, qui me rapientem Gnosida uidit,
Atque illo pinxit tempore qualis eram.
Cur iuuenis, tenerâque etiam lanugine uernat
Barba? quças Pylium cùm superare senem,
Muneribus quandoque meis si parcere disces,
Iunior & forti pectore semper eris.
Tympana non manibus, capiti non cornua desunt.
Quos nisi dementeis talia signa decent?
Hoc doceo, nostro quòd abusus munere sumit
Cornua, & insanus mollia sistra quatit.
Quid uult ille color membris penè igneus? omen
Absit, an humanis ureris ipse focis?

A la Statue de Bacchus.

Pere Bacchus qui est ce qui ta congneu?
Et ꝑ saige art a painct tõ corps tout nu?
Praxiteles le paintre florissant/
Quant il me vit Gnostis seul rauissant.
Mais il ta painct auec ieune visaige:
Quoy que soys vieulx plus que Nestor le
saige.
Il a ce faict/pour tout homme asseurer/
Que qui scaura mes dons bien mesurer/
Sante aura a lestat de ieunesse.
Cela te dis pour verite/ieu nest ce/
Et ce tabourt/a cornes quil ta faict/
A mon aduis/nont marque en ton effect:
Telz signes sont enseignes de follye:
Monstrãs q̃ vin par trop prins le fol lye
Et rend moque/comme sil labouroit.
Fluter par rue/ou que sil tabouroit.
Que veult noter ceste rouge couleur?
As tu sentu quelque rude chaleur?

Cum Semeles de uentre parens me fulmine traxit
Igniuomo, infectum puluere mersit aquis.
Hinc sapit hic liquidis qui nos bene diluit undis.
Qui non, ardenti torret ab igne iecur.
Sed nunc me doceas qui uis miscerier? & qua
Te sanus tutum prendere lege queat?
Quadrantem addat aquæ, calicem sumpsisse falerni,
Qui cupit, hoc sumi pocula more iuuat.
Stes citra heminas, nam qui procedere tendit
Vltrà, alacer, sed mox ebrius, inde furit:
Res dura hæc nimium, sunt pendula guttura, dulce
Tu fluis, heu facile commoda nulla cadunt.

Livret des Emblemes de
Andre Alciat.

Quant tire fus de Semele ma mere/
Par Jupiter en fouldre estant mon pere:
Gette par luy prestement dans leau fus/
Pour me garder du dommage des feus.
Sur quoy ie dis que cellup est prudent/
Qui auec eau/laue mon corps ardent.
Car tel secours a moy qui estoffope/
Faict/q̃ plusieurs nont point brusle le fope
Je te requiers que me donnes doctrine/
Cõment tu dois entrer en ma poictrine:
Et combien deau/auec toy dois mesler:
Pour seurement par ton Royaulme aller
Ayder te peulx de moy/sans q̃ te offence
Quãt le quart deau/metz auec mõ essẽce
A demye pinte/ aura ton past mesure.
Cela te rend la sante longue & seure.
Et qui sera sur le plus curieulx/
pure sera/en cerueau furieux.
Helas vecy vng dur enseignement:
Veu que tu scais coler si doulcement
Par noz gosiers/qui ont de toy besoing.
Proffit ne viẽt/sans porter peine & soing.

couler

In momentaneam felicitatem.

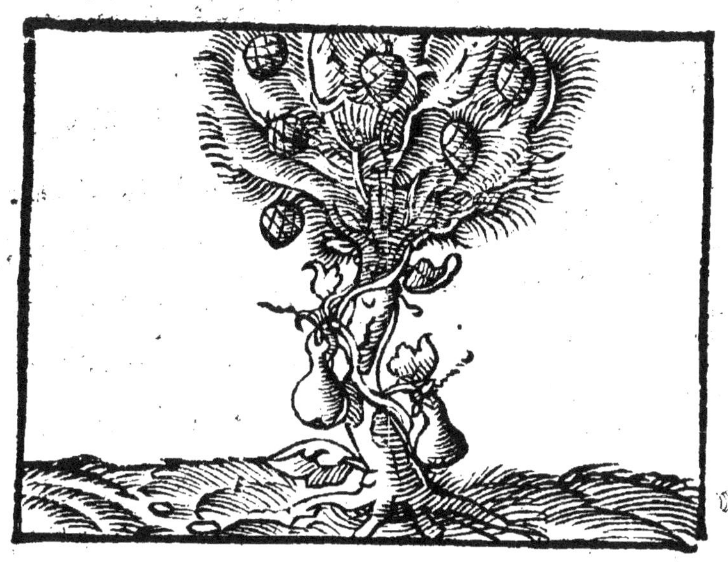

Aëriam propter creuisse cucurbita pinum
  Dicitur, & grandi luxuriasse coma.
Cùm ramos complexa, ipsúmque egressa cacumen,
  Se præstare alijs credidit arboribus.
Cui pinus, nimium breuis est hæc gloria: nam te
  Protinus adueniet quæ malè perdat hyems.

A la briefue foelicite.

La courde dung seul grain venue/
Le long dung hault arbre monta:
Et faict tant/quelle est peruenue/
A ce/quelle se surmonta.
Lors sur tous arbres se iacta:
A quoy larbre la pourtant dit/
Lhiuer qui vient vne mort a/
Qui effacera ton credit.

Pietas filiorum in parentes.

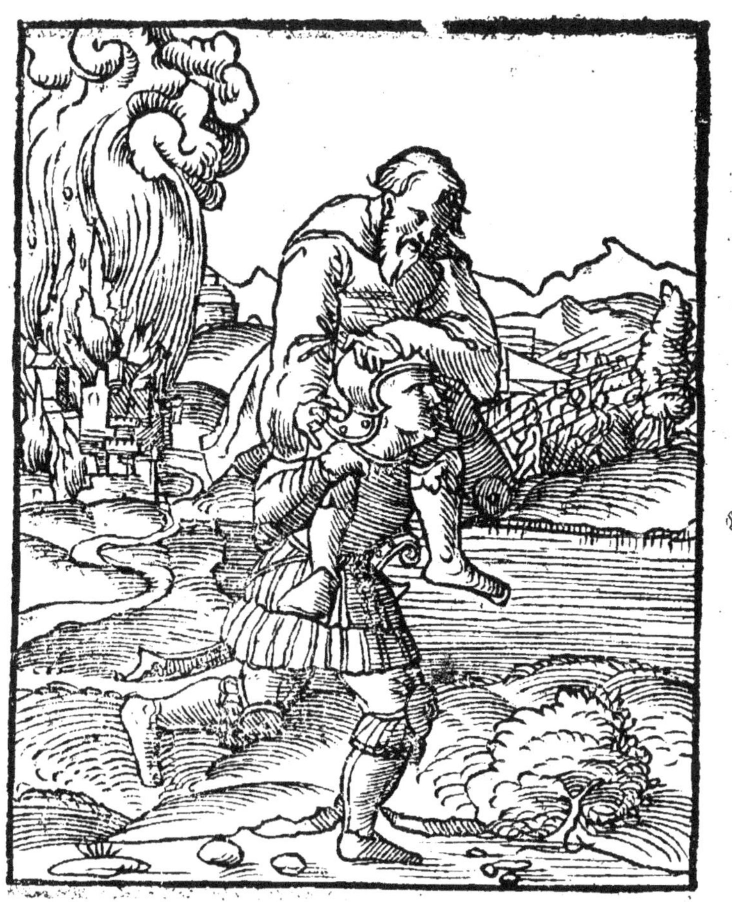

Per medios hosteis patriæ cùm ferret ab igne
Aeneas humeris dulce parentis onus.
Parcite dicebat, uobis sene adorea rapto
Nulla erit, erepto sed patre summa mihi.

Pitie du filz au pere.

Aeneas de Troye sen fuyoit/
Son pere sur son col portant:
Et a ses ennemys crioit/
Messieurs souffres de moy a tant:
Si ce viellart allez batant/
Nul est qui proffit en espere/
Et si cours me allez permetant/
Gloire auray de sauluer mon pere

Alius peccat, alius plectitur,

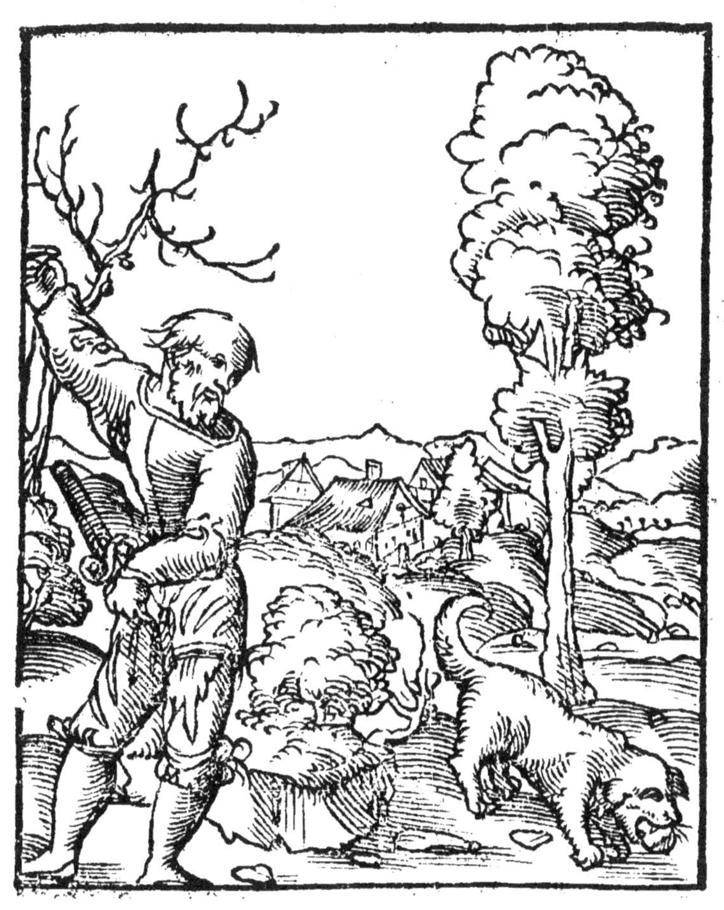

Arripit ut lapidem catulus morsúq; fatigat,
Nec percussori mutua damna facit.
Sic plerique sinunt ueros elabier hosteis,
Et quos nulla grauat noxia, dente petunt.

Liuret des Emblemes de
Andre Alciat.

Lung faict la faulte/lautre a la peine.

Le chien quelque fois mort a la pierre/
Quon luy a gettee roidement:
Mais en cela/son despit erre:
On le congnoist euidemment.
Il laisse saufle fondement:
A scauoir cil qui faict loffence:
Et veult corriger asprement.
Linnocent/qui est sans deffence.

In studiosum captum Amore.

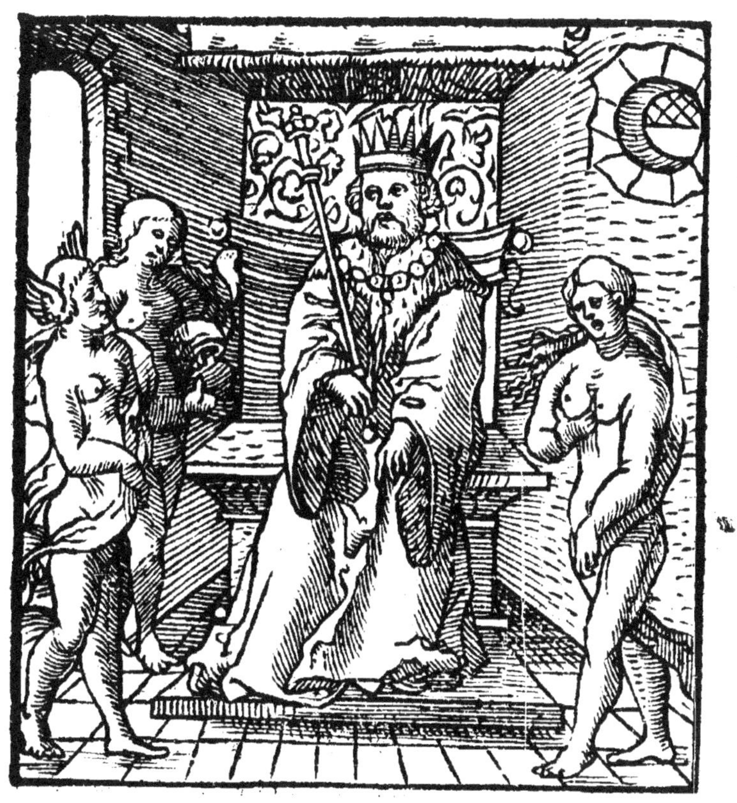

Immersus studijs, dicundo & iure peritus,
Et maximus libellio.
Heliodoran amat, quantum nec Thracius unquam
Princeps sororis pellicem.
Pallada cur alio superasti iudice Cypri?
Num sat sub Ida est uincere?

Livret des Emblemes de Andre Alciat.

Lestudiant espris damour.

Ung scauant homme en toute letre/
Estant a Pallas desdie/
Va son cueur en folle amour mettre:
Et ny a lon remedie.
Venus cest trop estudie/
Pour vaincre encor Pallas ung coup.
Paris en fust attedie.
Cest asses/voire cest beaucoup.

ἀντέρως Amor uirtutis alium Cupidinem superans,

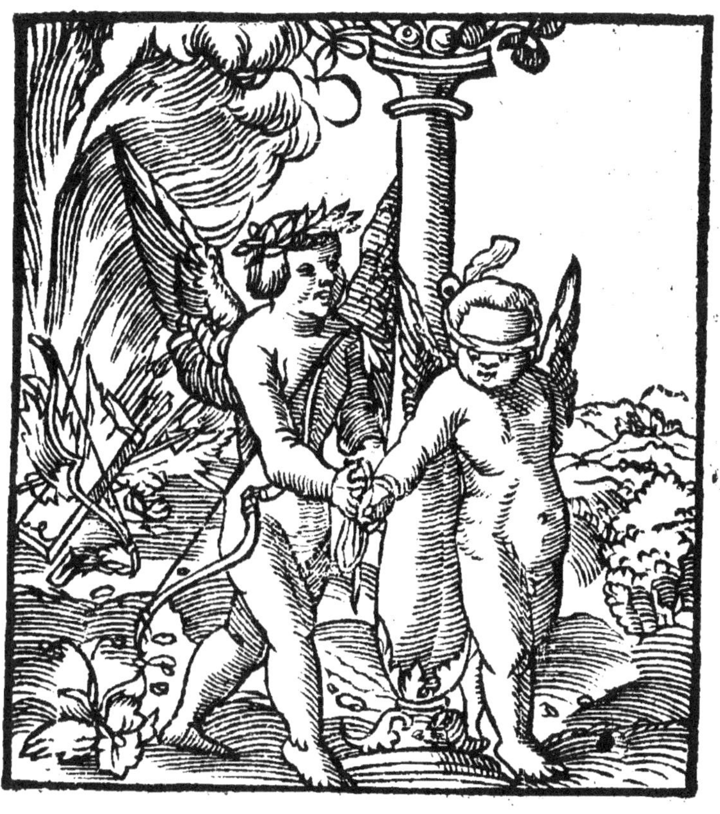

Aligerum aligeróque inimicum pinxit Amori,
Arcu arcum, atq; ignes igne domans Nemesis:
Vt quæ alijs fecit patiatur, at hic puer olim
Intrepidus gestans tela, miser lachrymat.
Ter spuit inq; sinus imos (res mira) crematur
Igne ignis, furias odit Amoris Amor.

Liuret des Emblemes de Andre Alciat.

Amour de Vertus surmonte Cupido.

Nemesis vng Cupido painct
Auec arc/feu/esles/& flesche:
Et de telle force est faict quil vainct
Cil qui par folle amour desseiche:
Affin que en telle faulte quil peche/
Il souffre: & il qui tormentoit
De crainte/& pleurs/ores sempesche:
Et feu doubte/qui feu portoit.

Aultrement:

Deux sortes est de dieux daymer.
Lung est daymer toutes vertus:
Lautre a vng dard beaucoup amer:
Dont maintz ont grãds assaulx sentus.
Tous deux sont de feus reuestus:
Mais le petit (que Venus ayde)
Est de lautre hahy/& battus:
Et si ny a point de remede.

Vis Amoris

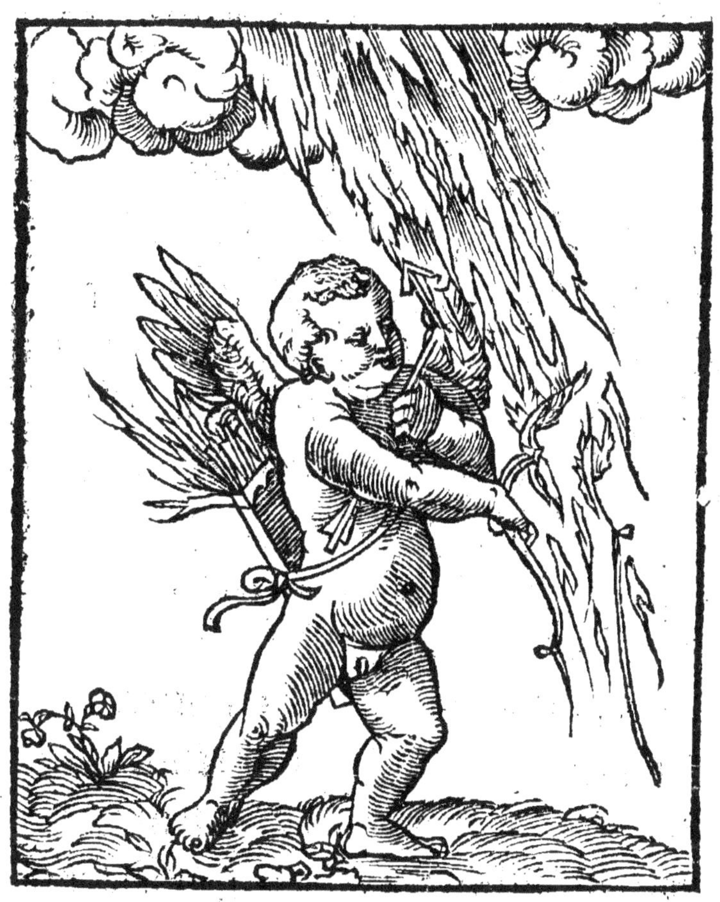

Aligerum fulmen fregit Deus aliger, igne
Dum demonstrat uti est fortior ignis Amor.

Liuret des Emblemes de Andre Alciat.

Force damour.

Le feu damour vainct la tempeste.
Il nest feu que tant dardeur face.
Car quant quelqung la en la teste/
Il ard au cueur/ & en la face.
Jupiter qui la fouldre brasse/
Nen fait point de telle vigueur:
Voire/ si luy mesmes lembrasse/
Il sen brusle/ & souffre langueur.

Iusta ultio.

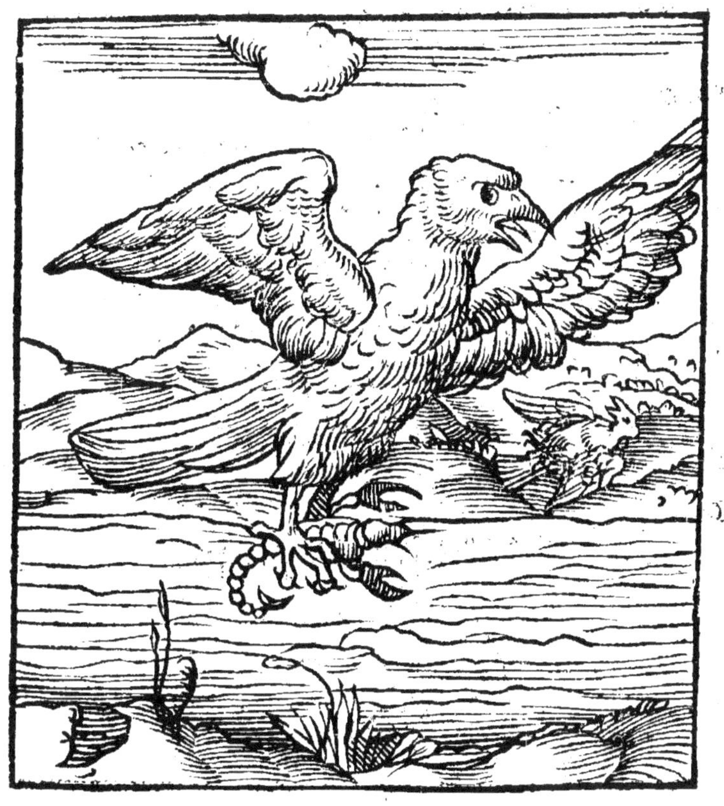

Raptabat uolucres captum pede coruus in auras
Scorpion, audaci præmia parta gulæ.
Ast ille infuso sensim per membra ueneno,
Raptorem in stygias compulit ultor aquas.
O risu res digna, alijs qui fata parabat,
Ipse perit, proprijs succubuitq; dolis.

Liuret des Emblemes de
Andre Alciat.

Juste vengence.

Le scorpion prins du corbeau/
Et emporte pour son manger/
Le picqua de queue tout beau/
Luy donnant de mort le danger.
Ainsi a sceu son mal venger.
Ou les lecteurs prudens compreignent/
Que quant fortune veult changer/
Bien souuent les preneurs se preignent.

In eum qui truculentia suorum perierit.

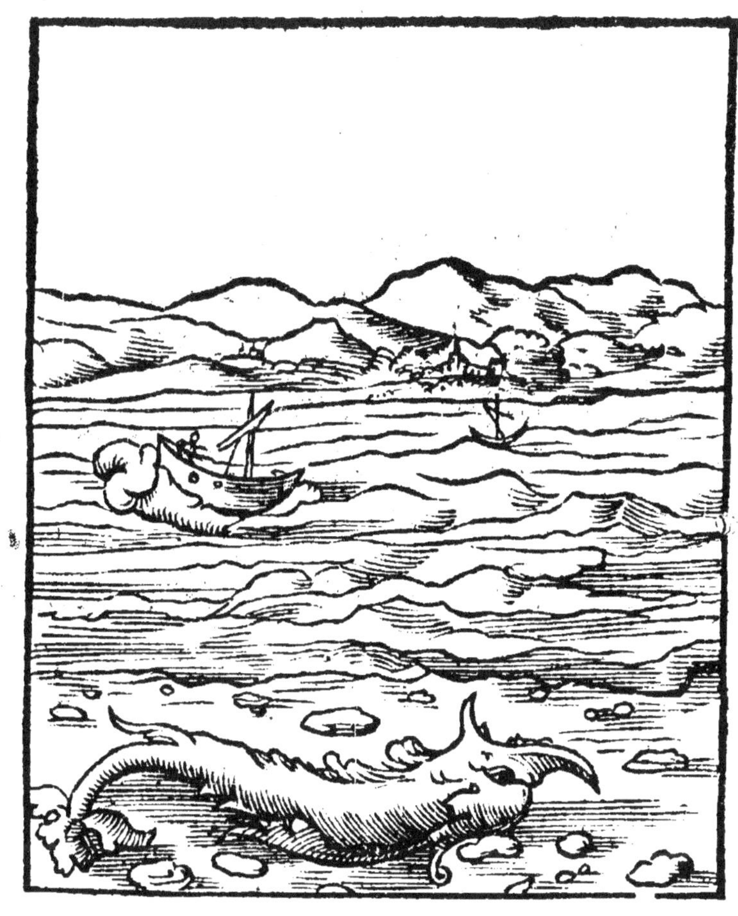

Delphinem inuitum me in littora compulit æstus.
Exemplum infido quanta pericla mari.
Nam si nec proprijs Neptunus parcit alumnis,
Quis tutos homines nauibus esse putet?

A cil qui a mal par les siens.

Le Daulphin de la mer natif/
Ayant prins en elle substance/
Ne pensoye point estre aprentif/
En son amour & accointance:
Or sens ie ores son inconstance/
Gisant au soleil sur la greue.
Ce nest donc estrange sentence/
Quant la faulce mer lhomme griefue.

Potentia Amoris

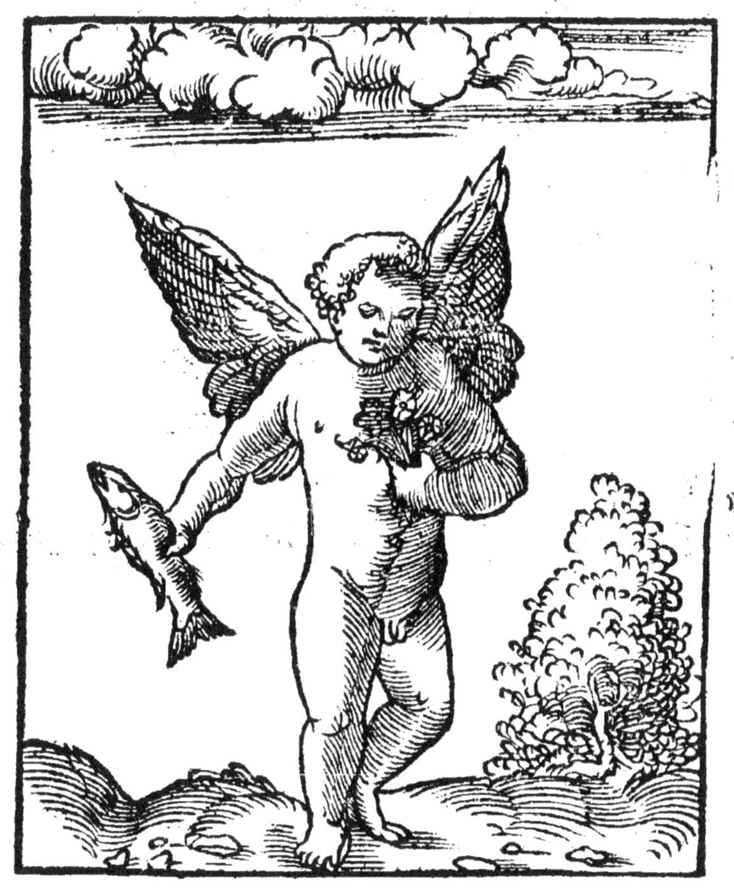

Nudus Amor uiden' ut ridet placidúmq; tuetur?
Nec faculas, nec quæ cornua flectat habet.
Altera sed manuum flores gerit, altera piscem,
Scilicet ut terræ iura det atque mari.

La puissance damour.

Cupido ne tient plus de flesches/
Darc ny feu/dont maintz a pugny.
Ains ou lieu de ses arc/traitz/mesches/
Dune main sest de fleurs garny.
En lautre est de poissons muny/
Non de instrumens/faisans aymer:
Car il publie pour vray/sans ny
Quil est maistre en terre/& en mer.

Quà Dij uocant, eundum.

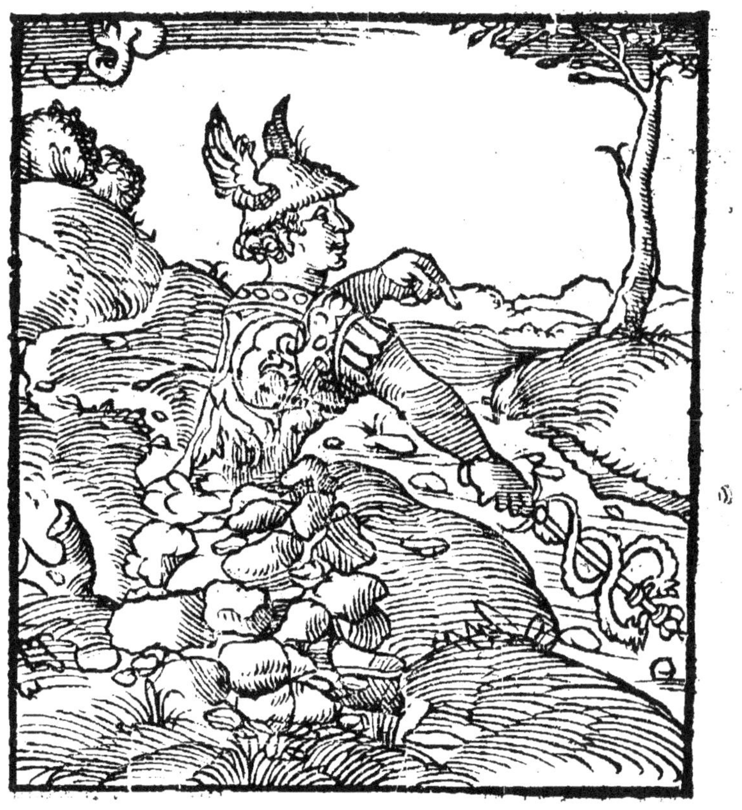

In triuio mons est lapidum, supereminet illi
Trunca Dei effigies, pectore facta tenus:
Mercurij est igitur tumulus, suspende uiator
Serta Deo, rectum qui tibi monstrat iter.
Omnes in triuio sumus, atque hoc tramite uitæ
Fallimur, ostendat ni Deus ipse uiam.

Liuret des Emblemes de Andre Alciat.

Aller ou dieu appelle.

Scais tu que signifie Mercure/
Sur vng mur estant pres la voye:
Et qui de sa monstrer prent cure/
Affin que nul ne se foruoye?
Ce veult dire/que dieu pouruoye
En ce mondain chemin les hommes.
Car sans son ayde/on se desuoye/
En tant de faulx sentiers/ou sommes.

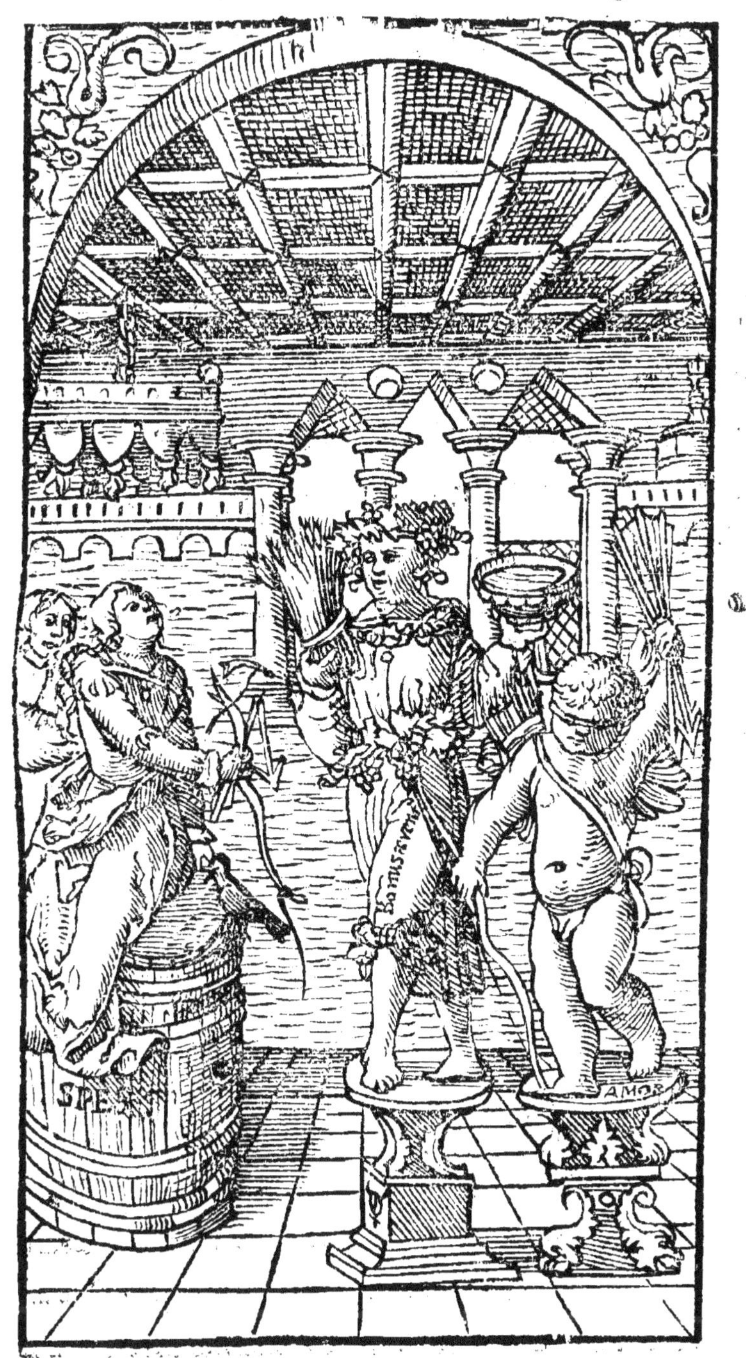
SPE
AMOR

Liuret de Emblemes de
Andre Alciat.

Au simulachre de Esperance.

Quelz pinceaux ont pourtraict ceste gen
te deesse/
Que la face a riãt/a mõstre a tous liesse:
Elphidi⁹ me fist/Esperãce on me nõme/
Prestant a coup mon bien a tout misera-
ble homme.
Ma robe verte ẽseigne q̃ en ioye iẽtretiẽs
Et ce/iusq̃ a la mort/dõt le dard rõpu tiẽs
Duq̃l tẽps/est casse tout le bien q̃ dõnoye
Ainsi conduis les gens/a fin/ sans grãd
monnoye.
Ce tonneau ou ie seetz / faict rapport de
lhistoire/
Dont Hesiode a fait excellente memoire.
Car lors que du tonneau vertus au ciel
volerent:
Et que grands maulx vrgens parmy le
monde allerent:

In simulachrum Spei.

Quæ Dea tam læto suspectans sydera uultu?
 Cuius penniculus reddita imago fuit.
Elpidij fecere manus, ego nominor illa,
 Quæ miseris promptam Spes bona præstat opem.
Cur uiridis tibi palla? quòd omnia me duce uernent.
 Quid manibus mortis tela refracta geris?
Quod uiuos sperare decet, præcido sepultis.
 Cur in dolioli tegmine pigra sedes?
Sola domi mansi uolitantibus undique noxis,
 Ascræi ut docuit musa uerenda senis.
Quæ tibi adest uolucris? Cornix fidißimus oscen,
 Est bene cùm nequeat dicere, dicit erit.
Qui comites? bonus Euentus, præcépsue Cupido,
 Qui præeunt, uigilum somnia uana uocant.
Quæ tibi iuncta adstat? scelerum Rhamnusia uindex,
 Scilicet ut speres nil nisi quod liceat.

Liuret de Emblemes de
Andre Alciat.

Seullete demouray/mōstrāt q̄ ie esperāce
Suis la seulle Vertu/pl⁹ p̄stāt dassurāce
La Corneille est pres moy/en son chāter
ayant
Reconfort du demain/qui est maint mal
rayant.
Le compaignon prochain/se dit bonne ad
uenture.
Qui auec Cupido faict souhaits sans
mesure.
Mais Nemesis derriere attēd ceulx qui
font faulte
Pour chascun corriger / desperance trop
haulte.

Illicitum non sperandum.

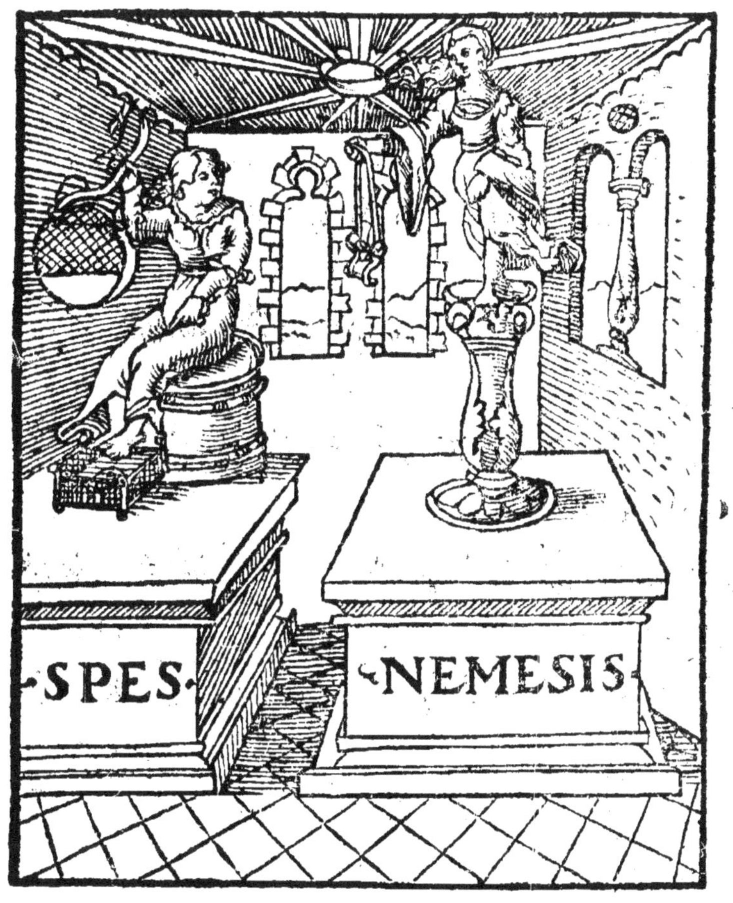

Spes simul & Nemesis nostris altaribus adsunt,
Scilicet ut speres non nisi quod liceat.

Liuret des Emblemes de
Andre Alciat.

Rien esperer illicite.

Selon lantique fiction/
Nemesis congnoist de tout vice:
En en faict la correction/
Par vraye voye de Justice.
A Esperance est donc complice/
Pour donner doctrine visible/
Que desperer nest pas propice:
Fors de chose que est loisible.

Pax.

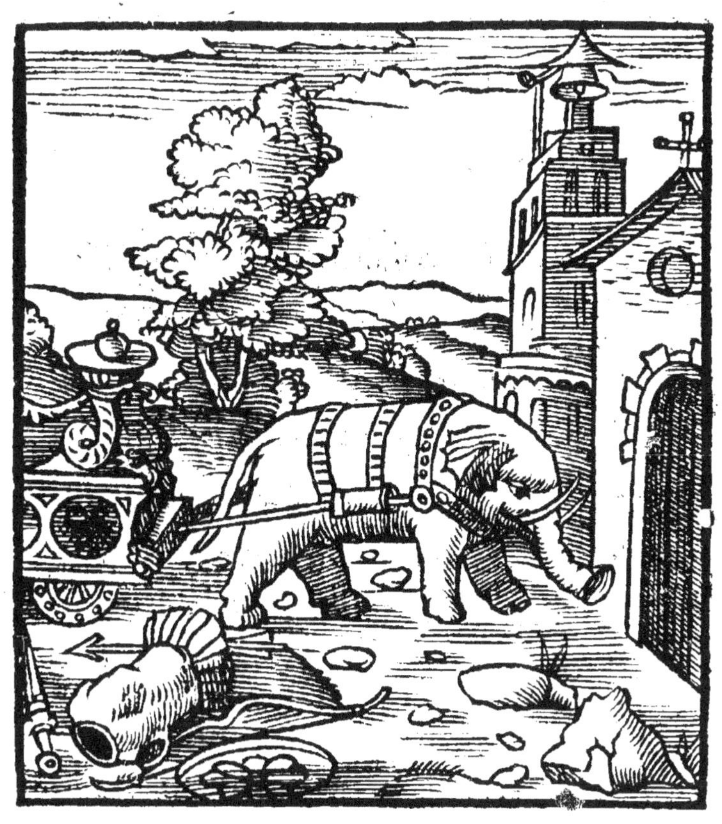

Turrigeris humeris, dentis quoque barrus eburni,
Qui ſuperare ferox Martia bella ſolet,
Suppoſuit nunc colla iugo ſtimuliſq; ſubactus,
Cæſareos currus ad pia templa uehit.
Vel fera cognoſcit concordes undique gentes,
Proiectiſq; armis munia pacis obit.

Liuret des Emblemes de Andre Alciat.

Paix.

La paix est excellente chose:
Et de dieu est vng don entier.
Le Elephant apres guerre close/
Gaigne sa vie a vil mestier:
Et sert a present le chartier/
Au lieu quil portoit tours en guerre:
Bien cognoissant que en tout quartier/
Ou paix est/effort ne vault guerres.

ἀντέρως id est, amor uirtutis.

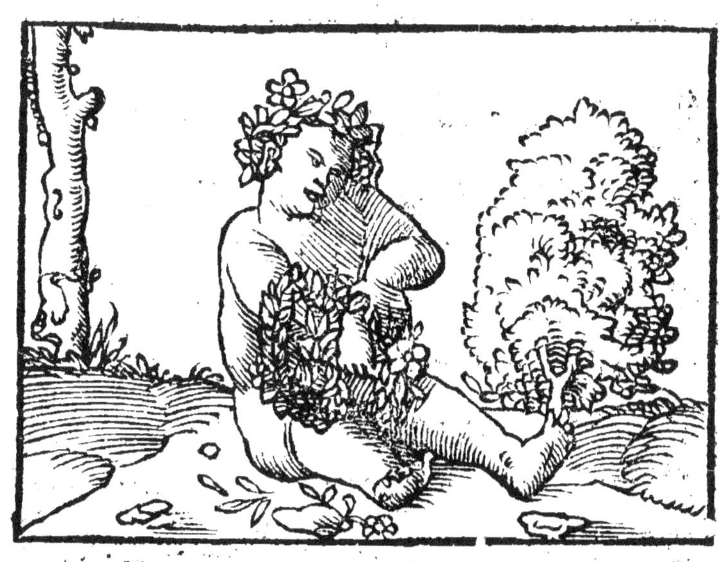

Dic ubi sunt incurui arcus? ubi tela Cupido?
Mollia queis iuuenum figere corda soles?
Fax ubi tristis? ubi pennæ tres unde corollas
Fert manus? unde aliam tempora cincta gerunt?
Haud mihi uulgari est, hospes cum Cypride quicquam
Vlla uoluptatis nos neque forma tulit.
Sed puris hominum succendo mentibus ignes
Disciplinæ, animos astráque ad alta traho.
Quatuor éque ipsa texto uirtute corollas,
Quarum quæ Sophiæ est, tempora prima tegit.

Liuret des emblemes de Andre Alciat.

Amour de vertus.

Cupido ou est larc & flesches dōt tu tires?
Ta torche ardent, tes esles dou vient que les retires?
Et q̄ as quatre chappeaux: vng au chef, au bras trois?
Vecy pourquoy: Venus na rien en mes destrois:
De doctrine fais feu, es gens de scauoir chaulx:
Et eslieue leurs sens iusques vers les cieulx haulx.
De vertus ay dresse les chappeaux que ie tiens.
Moral, & naturel, q̄ en Logique retiens.
Sapiēce est sur toꝰ q̄ plꝰ de soulas preste:
Quest notee au chappeau que iay dessus la teste.

M

Signa Fortium.

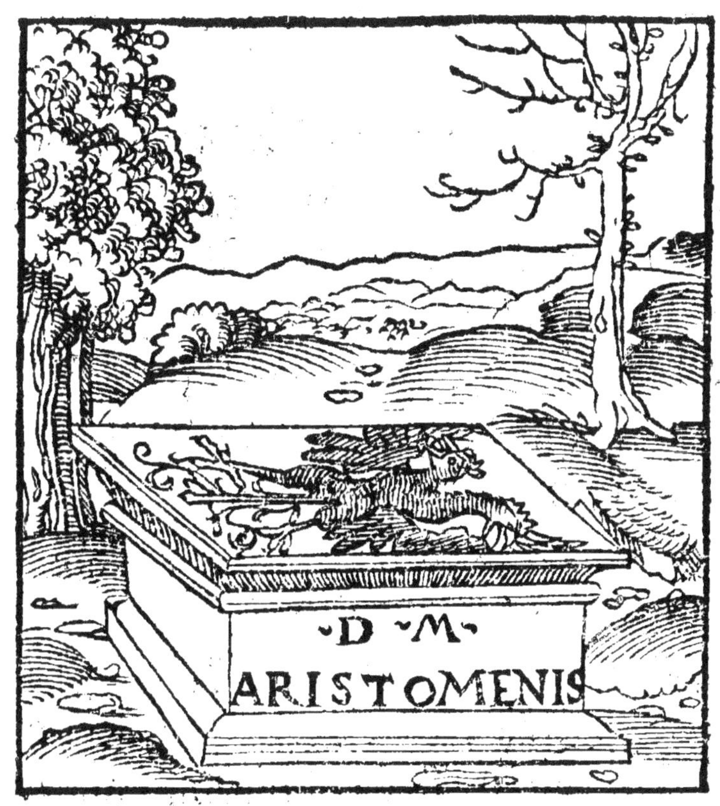

Quæ te causa mouet uolucris Saturnia, magni
Vt tumulo insideas ardua Aristomenis?
Hoc moneo, quantum inter aues ego robore præsto.
Tantum semideos inter Aristomenes.
Insideant timidæ timidorum busta columbæ.
Nos aquilæ intrepedis signa benigna damus.

Signes des fors.

Qui ta faict seoir sur vng tumbeau
Aigle veue ta nature insigne?
Laisses y plustost le corbeau/
Qui de corps mors se coinquine.
Je y suys/pour donner a tous signe:
Que(comme oyseaux ie passe en course)
Aristomene ainsi ruyne
Tous ses ennemis/par sa force.

Qui alta contemplantur, cadere.

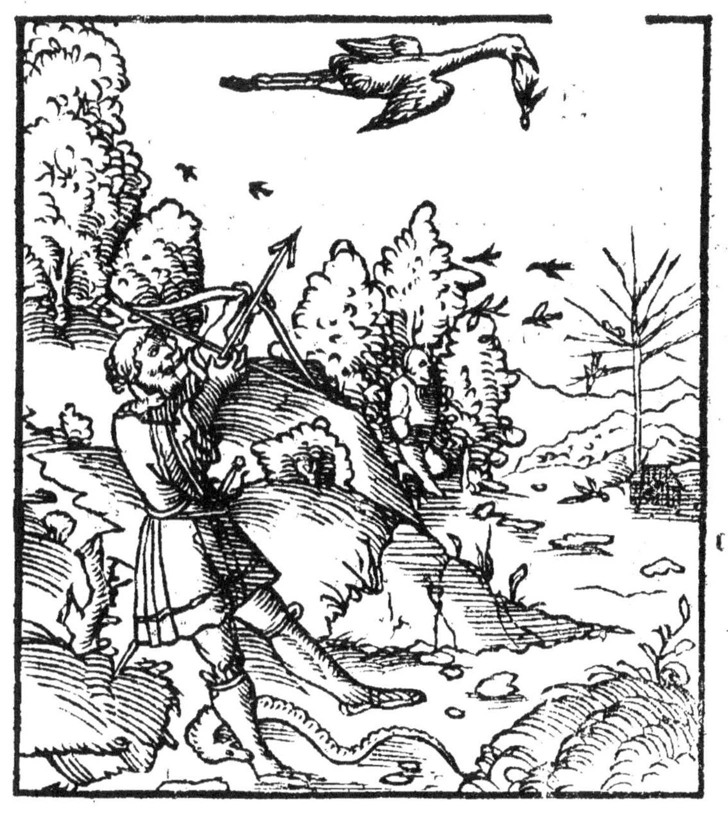

Dum turdos uiſco, pedica dum fallit alaudas,
   Et iacta altiuolam figit harundo gruem.
Dipſada non prudens auceps pede perculit, ultrix
   Illa mali, emiſſum uirus ab ore iacit.
Sic obit extento qui ſydera reſpicit arcu,
   Securus fati quod iacet ante pedes.

Liuret des Emblemes de
Andre Alciat.

Qui hault regarde/peult tumber.

Loiseleur aux latz trauaillant/
Au gluz/a arc/pour oyseaux prendre/
Estoit contre le ciel veillant:
Si marcha sur le serpent tendre:
Lors tost morsure luy sceut rendre.
Ainsi (larc en hault bande) meurt.
Et tel veult haulx cas entreprendre/
Qui deuant soy/a lextreme heurt.

Impoßibile.

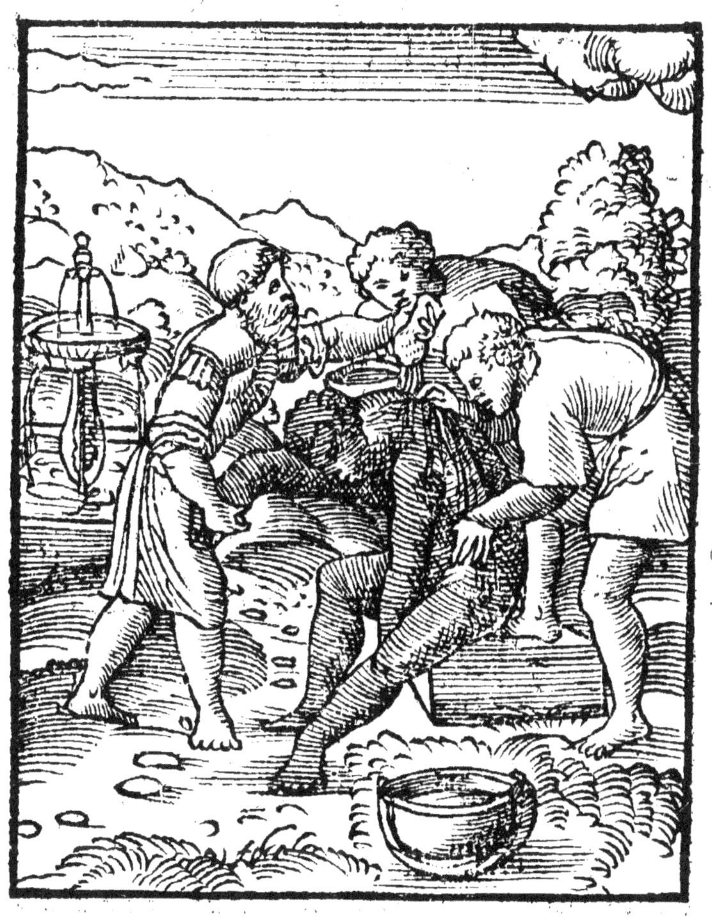

Abluis Aethiopem quid frustra? ah desine, noctis
Illustrare nigræ nemo potest tenebras.

Impossible.

Il est vng milier de negoces/
Ou lon ne peult remede mettre.
Et quoy que ardemmēt ten courrouces/
Si nen seras tu ia le maistre.
Parquoy si tu quiers hors blasme estre/
Ne prens peine a blanchir vng More.
En sa nuict/ne peult clarte naistre.
Vng vice inuetere demoure.

AEre quandoque ſalutem redimendam.

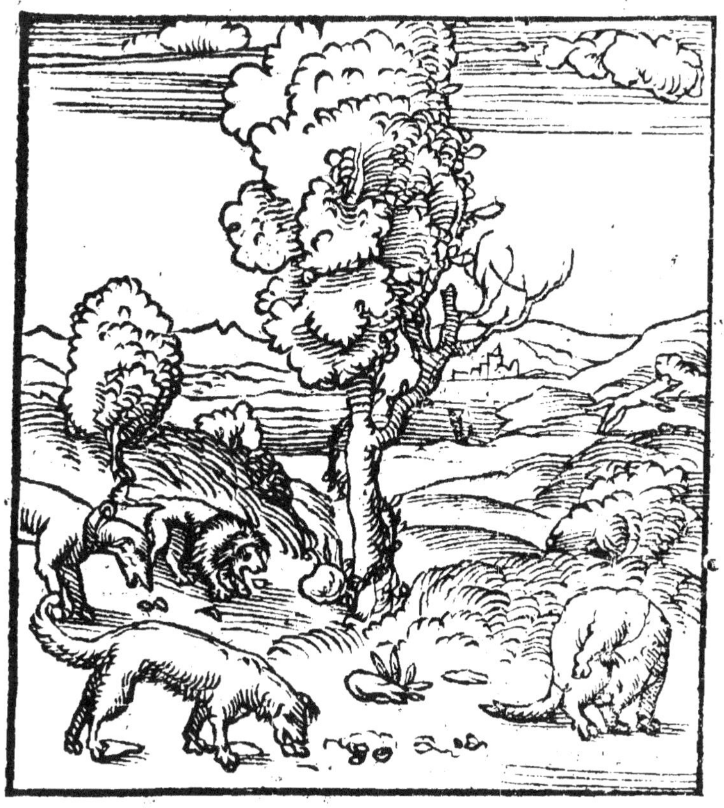

Et pedibus ſegnis, tumida & propendulus aluo,
Hac tamen inſidias effugit arte fiber.
Mordicus ipſe ſibi medicata uirilia uellit,
Atque abijcit, ſeſe gnarus ob illa peti.
Huius ab exemplo diſces non parcere rebus.
Et uitam ut redimas, hoſtibus æra dare.

Liuret des Emblemes de
Andre Alciat.

Le salut se doibt acheter.

Le Byeure qui Castor sappelle/
Des veneurs/ & des chiens presse/
Aux dens ses genitaulx expelle:
Car pour aultre bien nest chasse.
Ce mal rend plusgrant mal passe.
Surquoy le prudent peult entendre.
Quil fault quicter bien amasse/
Premier que grant peril attendre.

Captiuus ob gulam.

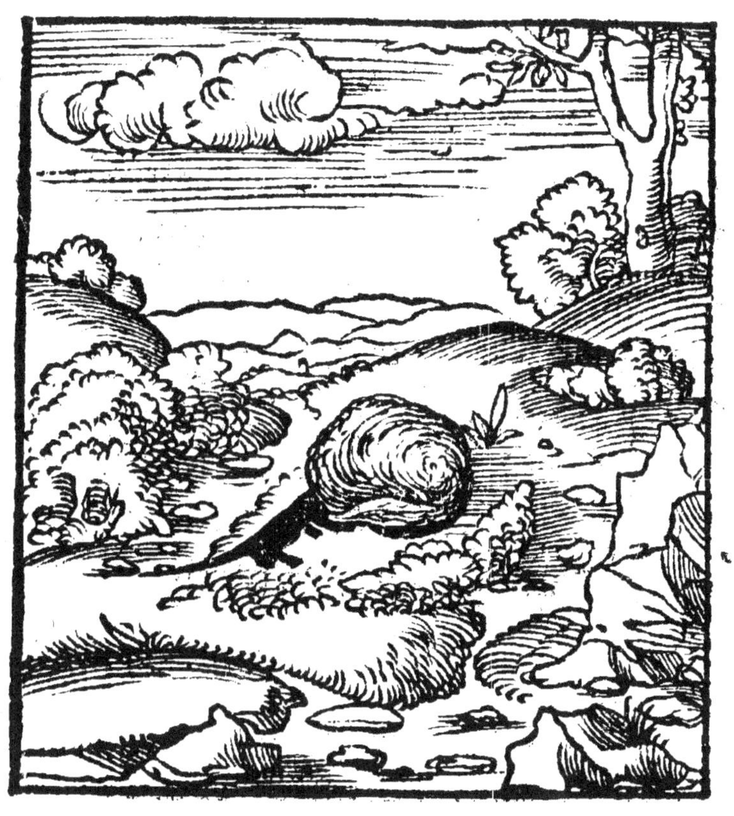

Regnator penus, & mensæ corrosor herilis
 Ostrea mus summis uidit hiulca labris.
Queis teneram apponens barbã falsa ossa momordit,
 Illa recluserunt tacta repente domum.
Deprensum & tetro tenuerunt carcere furem,
 Semet in obscurum qui dederat tumulum.

Liuret des Emblemes de Andre Alciat.

Prins pour la gueule.

Vne suinttre en son escaille estant/
Entreouuerte (comme il aduient).
Fut vng iour la souris sentant/
Qui pour sa chair ronger suruient.
Lors de sestraindre luy souuient.
La souris est au groing surprise.
Tel chastoy aux gloutons conuient:
Qui tousiours font chatte entreprinse.

Cette fable contient plus d'un enseignement.
Nous y voyons premierement ;
Que ceux qui n'ont du monde aucune expérience
Sont aux moindres objets frappés d'étonnement :
Et puis nous y pouvons apprendre
Que tel est pris qui croyoit prendre.

Lafontaine, Fables,
3e part. Liv. 2, fable 9.
p. 129. edit. de 1678. avec
fig.

Diues indoctus.

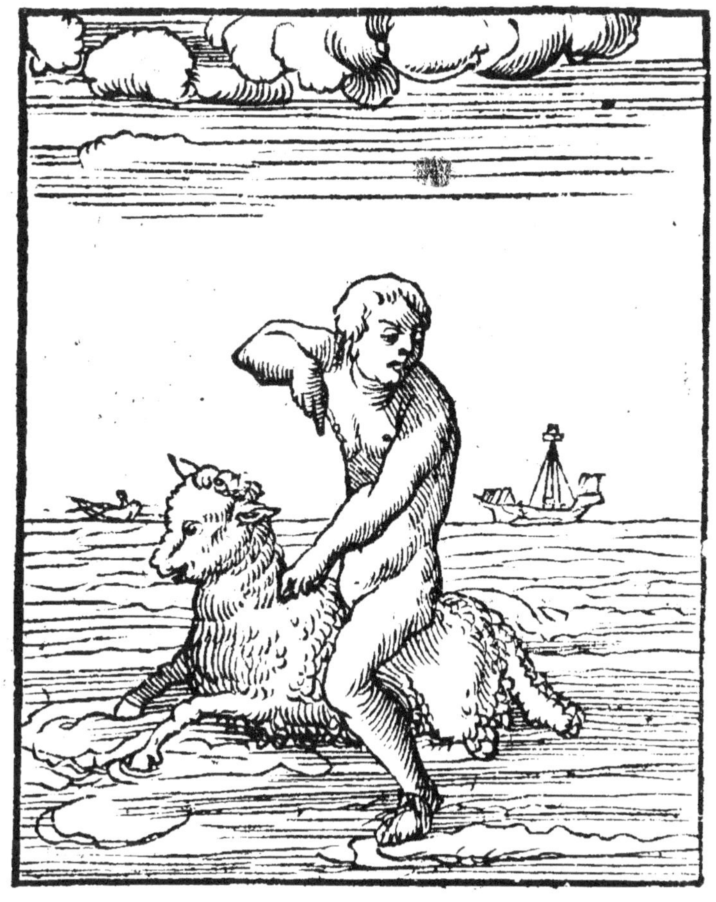

Tranat aquas residens præcioso in uellere Phrixus,
Et flauam impauidus per mare scandit ouem.
Ecquid id est? uir sensu hebeti, sed diuite gaza,
Coniugis aut serui quem regit arbitrium.

Liuret des Emblemes de Andre Alciat.

Riche ignorant.

Phrixus prochain de grant malheur/
Eust tost bon heur/ce dit Ouide.
Mouton a poil dor de valeur/
Par la Mer seurement le guyde.
Riche homme de prudence vuyde/
Soubz aultruy tout son bien ordonne:
Car sa femme conduict sa bride:
Et son varlet conseil luy donne.

In adulatores.

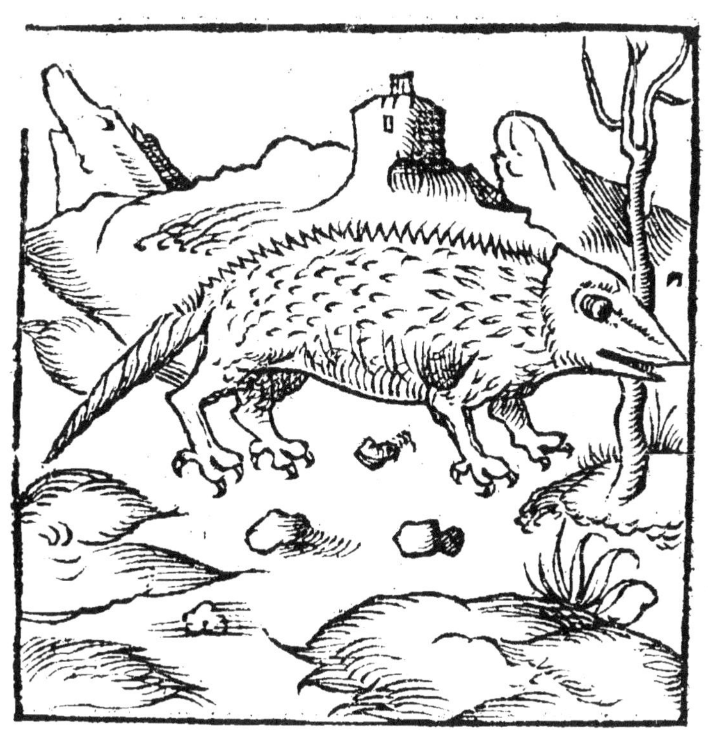

Semper hiat, ſemper tenuem qua uescitur auram,
    Reciprocat Chamæleon.
Et mutat faciem, uarios ſumitq; colores,
    Præter rubrum uel candidum:
Sic & adulator populari uescitur aura,
    Hiánsque cuncta deuorat,
Et ſolùm mores imitatur principis atros,
    Albi & pudici neſcius.

Liuret des Emblemes de Andre Alciat

Flateurs.

Cameleon soufflant sans cesse,
Viuant dair/na fixes couleurs.
Adonc bleu/verd/ou iaulne/& laisse
Rouge & blanc/taincts de grãdz valeurs.
Flateurs de Prince ont telz malheurs
Mangeans peuple en ville & cite.
Des meurs du prince grans parleurs:
Fors de blancheur & purite.

Dulcia quandoque amara fieri.

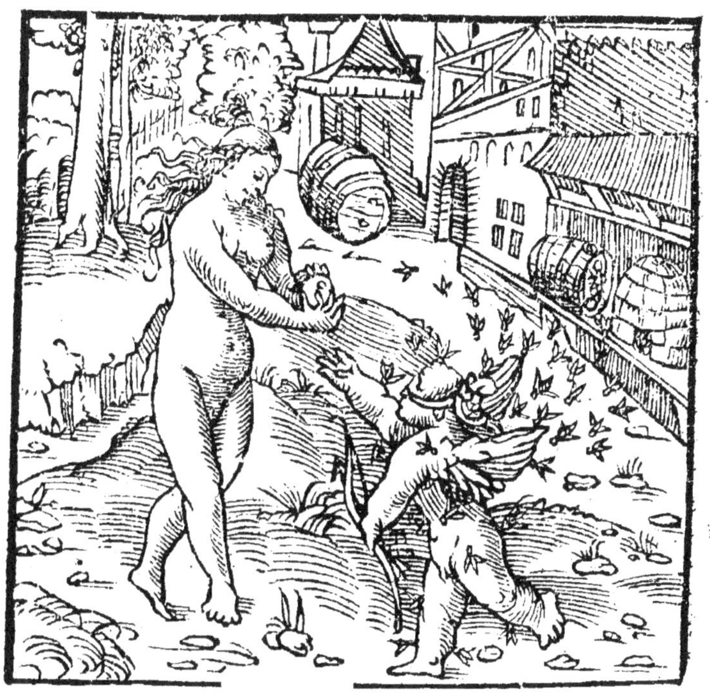

Matre procul licta paulum secesserat infans
Lydius, hunc diræ sed rapuistis apes.
Venerat hic ad uos placidas ratus esse uolucres,
Cùm nec ita immitis uipera sæua foret.
Quæ datis ah dulci stimulos pro munere mellis,
Proh dolor, heu sine te gratia nulla datur.

Liuret des Emblemes de Andre Alciat.

Doulceur porte bien amertume.

Cupido pour ſes appetitz
Vers des mouſches a miel alla:
Quil cuydoit oyſeletz petitz:
Et moult entour elles vola.
Delles eſt mors : il crye hala.
Sa mere entend dou vient la plaincte:
Ha mignard (dit elle) vela/
Vous faictes bien de pire attaincte.

Ferè simile ex Theocrito.

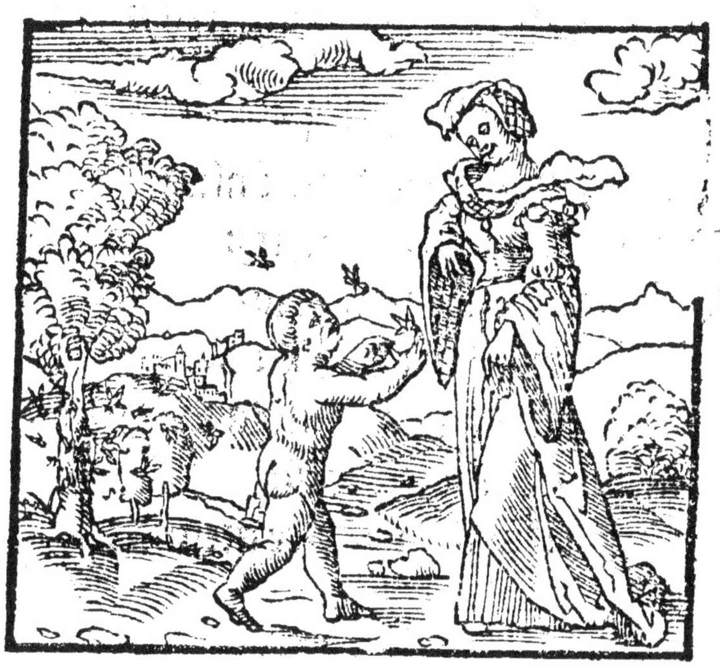

Alueolis dum mella legit, percußit Amorem
Furacem mala apes, & summis spicula liquit
In digitis, tumido gemit at puer anxius ungue,
Et quatit errabundus humum, Veneriq; dolorem
Indicat, & grauiter queritur quòd apicula paruum
Ipsa inferre animal tam noxia uulnera poßit.
Cui ridens Venus, hanc imitaris tu quoque dixit
Nate feram, qui das tot noxia uulnera paruus.

Aultrement

Cupido peu loing de sa mere/
Mousche a miel pour oyseaux prenant/
Sentit tost leur morsure amere:
Si crie/& fuyt incontinent.
Sa mere en ris dit: maintenant
Scauez vous que cest de poincture.
Petit corps est grant mal donnant.
Cest en suyuant vostre nature.

In eum qui sibi damnum apparat.

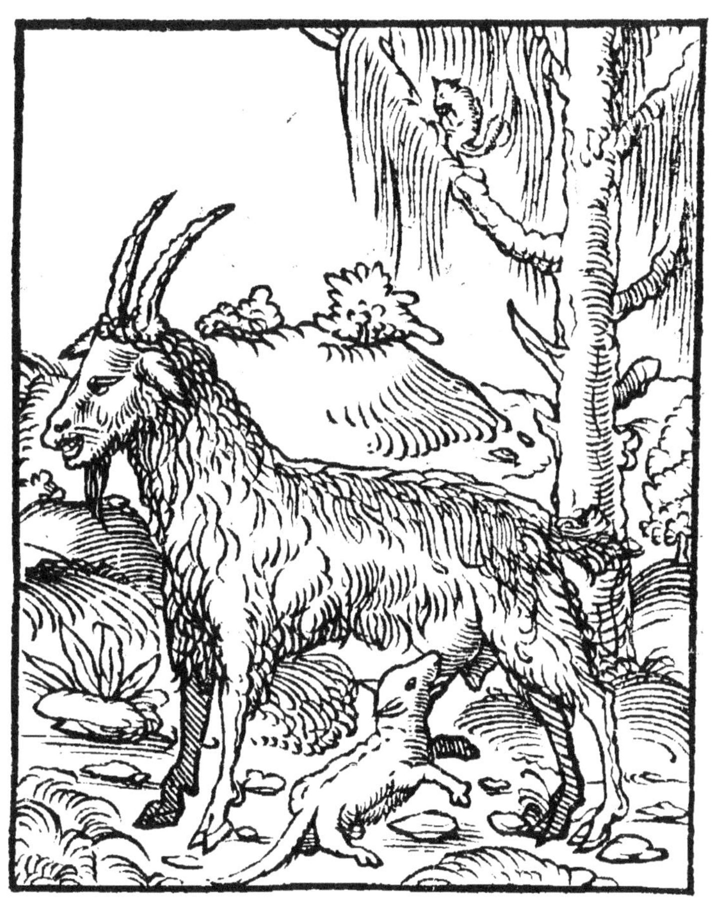

Capra lupum non sponte meo nunc ubere lacto,
Quod malè pastoris prouida cura iubet.
Creuerit ille simul, mea me post ubera pascet.
Improbitas nullo flectitur obsequio.

Liuret des Emblemes de Andre Alciat.

A ceulx qui sapreſtent dommaige.

Voyez moy poure ⁊ ſimple chieure/
Qui laiſſe vng loup mon pis teter.
Jen ſuis dolente/⁊ pis que en fieure.
Car mal men ſentiray traicter.
Mon maiſtre deuſt bien regrettter
Ceſt acte: ſil fuſt lhomme expert:
Veu quon dit puer ⁊ eſte/
Que en tous meſchans plaiſir ſe perd.

Remedia in arduo, mala in prono esse.

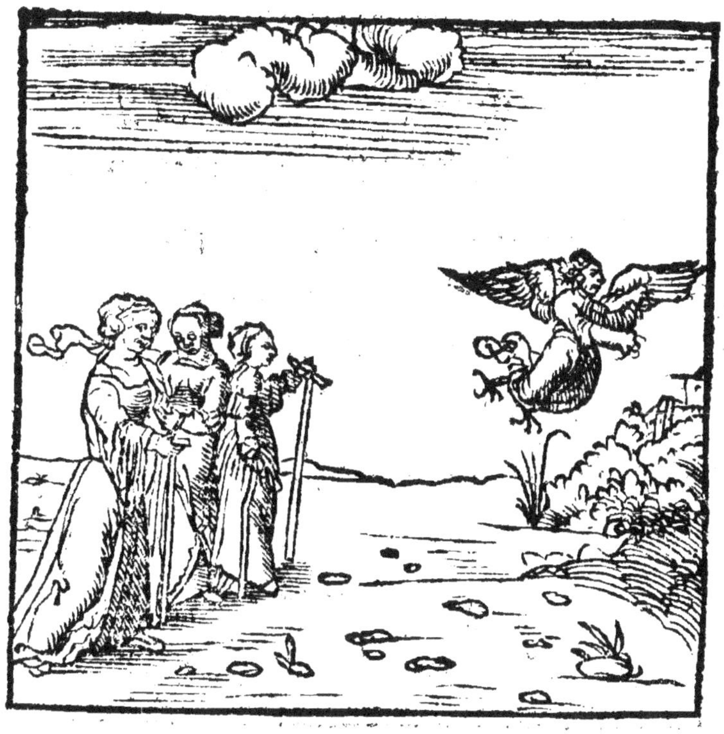

Aetherijs postquàm deiecit sedibus Aten
    Iuppiter, heu uexat quàm mala noxa uiros.
Euolat hæc pedibus celer & pernicibus alis,
    Intactumq; nihil casibus esse sinit.
Ergo Litæ proles Iouis hanc comitantur euntem,
    Sarcturæ quicquid fecerit illa mali.
Sed quia segnipedes lippæ fessæq; senecta,
    Nil nisi post longo tempore restituunt.

Maulx viennent promptement.
Et biens a difficulte.

Attey de Juppiter chassee
Pour nuyre/vola sur la terre.
Et ny fait pas vne passee/
Sans rendre feu/fain/peste/ou guerre.
Lites apres vont non grant erre:
Car vieilles sont/& mal trotans:
Dont lon ne peult leur bien acquerre/
Fors apres longue espace/& temps.

Eloquentia fortitudine præstantior.

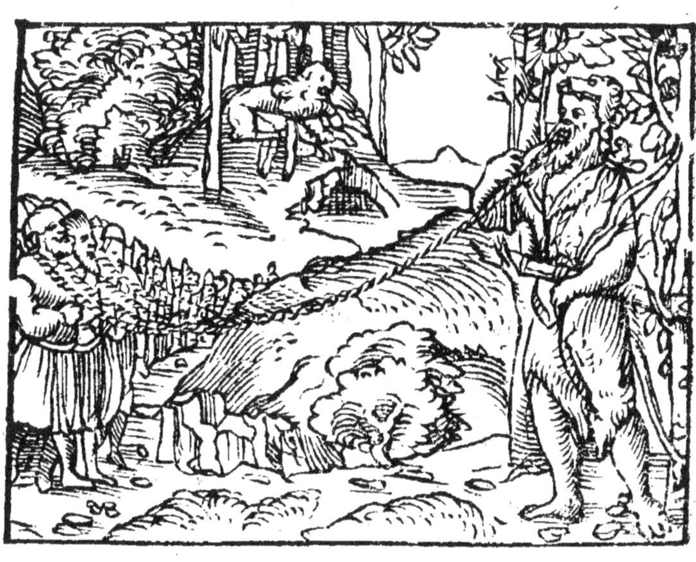

Arcum læua tenet, rigidam fert dextera clauam,
Contegit & Nemees corpora nuda leo.
Herculis hæc igitur facies? non conuenit illud
Quòd uetus & senio tempora cana gerit.
Quid quòd lingua illi leuibus traiecta cathenis,
Queis fissa faciles allicit aure uiros?
An ne quòd Alciden lingua non robore Galli
Præstantem populis iura dedisse ferunt?
Cedunt arma togæ, & quamuis durißima corda
Eloquio pollens ad sua uota trahit.

Liuret des Emblemes de Andre Alciat.

Eloquence vault mieulx que force.

Larc en la main/ en lautre la massue/
Peau de lyon estant cy apercevue/
Pour Hercules me faict ce vieillart croire
Mais ce qui la marq̃ de si grãd gloire:
Que mener gens enchainez a sa langue
Entẽdre veult: quil feist tãt biẽ harẽgue/
Que les Francois pour ses ditz de mer
ueilles.
Furent ainsi que pris par les oreilles.
Si donc il a par loix & ordonnances
Range les gens/ plutost q̃ par vaillances:
Dira lon pas (comme est verite)
Que lespee a lieu aux liures quicte:
Et que vng dur cueur par saiges mieulx
se range/
Que gros effort son asprete ne change:
Pour ce Hercules ne faict pas grandes
forces:
Et si sont gẽs/ apres luy grãdes courses.

In receptatores sicariorum.

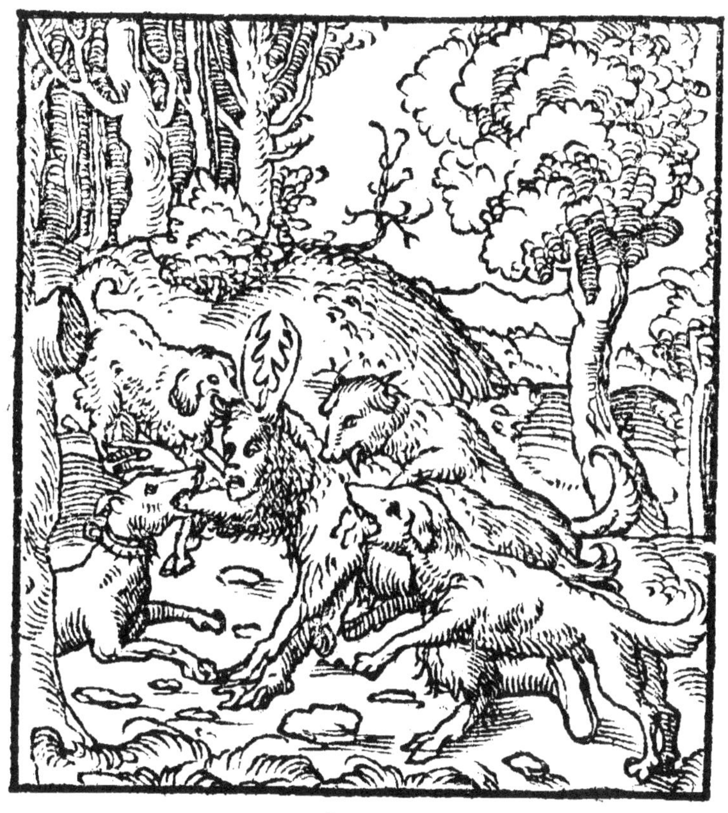

Latronum furúmque manus tibi Scæua per urbem
It comes, & diris cincta cohors gladijs.
Atque ita te mentis generosum prodige censes,
Quòd tua complureis allicit olla malos.
En nouus Actæon, qui postquàm cornua sumpsit,
In prædam canibus se dedit ipse suis.

Liuret des Emblemes de
Andre Alciat.

Receptateurs dhomicides.

Gens apres toy auec espees/
(Dont plusieurs ont gaigne le pendre.
Ou dauoir oreilles coppees)
Te font cornes au chef extendre/
Mais il ten pourra ainsi prendre/
En nourrissant telz ruffiens:
Que a Acteon: qui (faict cerf tendre)
Fust deuore de tous ses chiens.

Fidei symbolum.

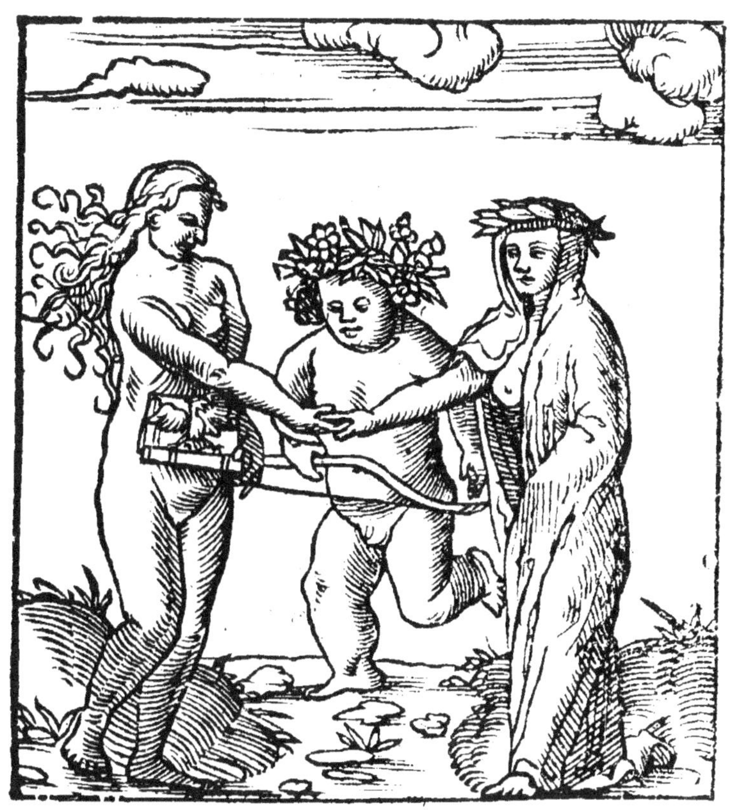

Stet depictus Honor Tyrio uelatus amictu,
Eiusque iungat nuda dextram Veritas.
Sitq; Amor in medio castus, cui tempora circum
Rosa it, Dionis pulchrior Cupidine.
Constituunt hæc signa fidem, reuerentia Honoris
Quam fouet, alit Amor, parturitq; Veritas.

Liuret des Emblemes de Andre Alciat.

La diuise de Foy

Honneur descarlate vestu/
Touchant en main a Verite/
Entre eulx deux amour de vertu.
Qui a lart de Venus quicte.
Lhistoire est de fidelite/
Estant par vray dire produicte/
Damour nourrie en purite/
Et soubz crainte dhonneur conduicte.

In uitam humanam.

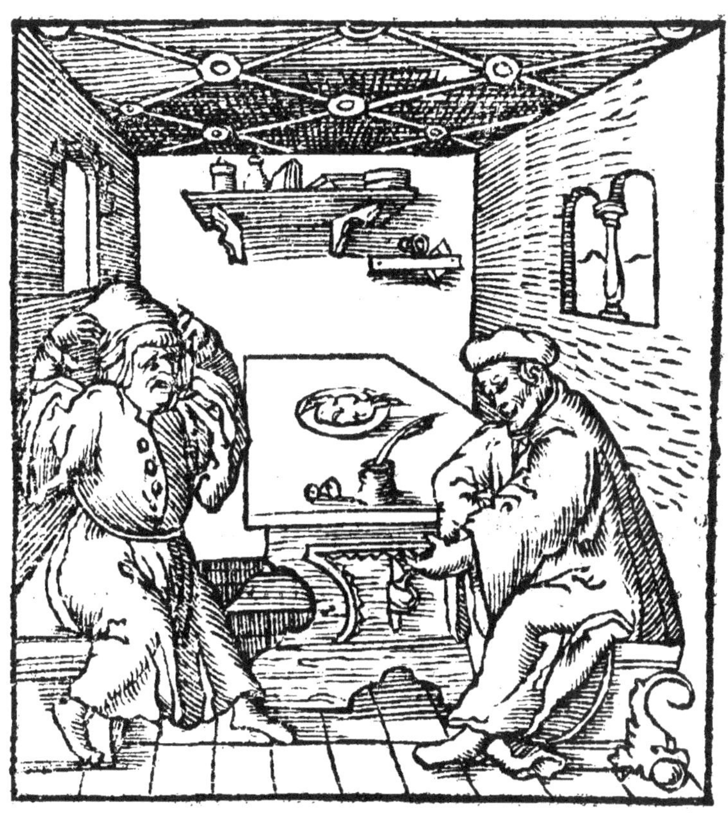

Plus solito humanæ nunc defle incommoda uitæ
Heraclite, scatet pluribus illa malis.
Tu rursus, si quando aliâs, extolle cachinnum
Democrite, illa magis ludicra facta fuit.
Interea hæc cernens meditor, qua denique tecum
Fine flcam, aut tecum quomodo splene iocer.

Liuret des Emblemes de Andre Alciat

De la Vie humaine.

Plores plus que onques tu ne fis
Heraclite/il en est saison.
Les gens sont en tous maulx confis.
Vertus nont ca bas plus maison.
Democrite ris:tu a raison.
Car chascun veult fol demourer:
Tandis penseray la choison/
Si ie deburay rire/ou plorer.

In statuam Amoris.

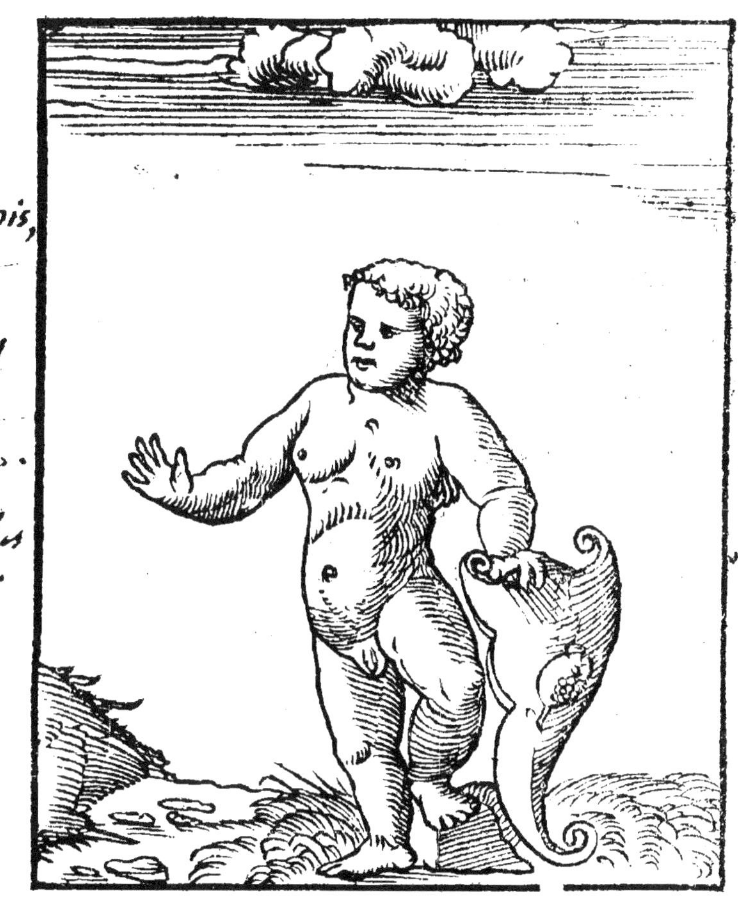

Qui que tu sois, voici ton maître:
Il le fut, il l'est, ou doit l'être.
Voltaire, Cité dans mes Stromates, p. 179. et 1103.

Quis sit Amor plures olim cecinere poëtæ,
Eius qui uario nomine gesta ferunt.
Conuenit hoc quòd ueste caret, quòd corpore paruus,
Tela alásque ferens, lumina nulla tenet.
Hæc ora hic habitúsque dei est, sed dicere tantos
Si licet in uates, falsa subesse reor.

Liuret des Emblemes de Andre Alciat.

A la statue damour.

Plusieurs escripuains ont pris peine
De faire escripture certaine/
Du dieu damours/a sa facon.
Et dient que cest vng garcon/
Qui nest point homme deuenu.
Et va volant par lair tout nud/
Auec vng arc/dont flesches tire:
Rendant a plusieurs gros martyre:
Et ayant maint cueur moult greue:
Jacoit quil soit de veue priue.
Vela ce qui en est narre.
Enquoy ie dis quon a erre.
Sil apartient que ause reprendre
Les vieulx/qui nous ont sceu aprendre.
Premier vecy ou ie me fonde:
Cil qui regne par tout le monde/
Est il dieu si debilement/

O Quil

Eccur nudus agat? diuo quasi pallia desint,
Qui cunctas domiti poßidet orbis opes.
Aut qui quæso niues boreámque euadere nudus
Alpinum potuit, strictáque prata gelu?
Si puer est, puerúm ne uocas qui Nestora uincit?
An nosti Ascræi carmina docta senis?
Inconstans puer, hic peruicax, pectora quæ iam
Trans adijt, nunquam linquere sponte potest.
At pharetras & tela gerit, quid inutile pondus?
An curuare infans cornua dura ualet?
Alas cúr ue tenet, quas nescit in æthera ferre?
Inscius in uolucrum flectere tela iecur.
Serpit humi sempérque uirûm mortalia corda
Lædit, & haud alas saxeus inde mouet.
Si cæcus uittámque gerit, quid tænia cæco
Vtilis est? ideo num minus ille uidet?
Quis ne sagittiferum credat qui lumine captus
Hic certa, ast cæci spicula uana mouent.
Igneus est, aiunt, uersátque in pectore flammas,
Cur age uiuit adhuc? omnia flamma uorat.
Quin etiam tumidis non extinguitur undis,
Naiadum quoties mollia corda subit?
At tu ne tantis capiare erroribus audi.
Verus quid sit Amor carmina nostra ferent.
Iucundus labor est, lascius per ocia, signum
Illius est, nigro punica glans clypeo.

Quil nayt point ung habillement?
Ou comme se pourroit il faire/
Que allant es lieux ou il repaire/
Le froit dhyuer que fait la bise/
Ne tuast lenfant sans chemise.
Et si a ce ay ung respondant/
Disant quil porte feu ardant.
Je demande comme il peult viure?
Veu que le feu a tout mort liure.
Et ou sa vie tel feu rendroit?
Si scait lon bien quil le staindroit.
Quant il va deuers les Naiades:
Nymphes Seraines Seriades.
Et aultres Deesses benignes/
Procedans des maisons marines.
De rechief lon sappelle enfant.
Qui neantmoins fut triumphant
Sur Nestor/homme de grant aage.
Et quon tenoit tresmeur et saige.

Dont nest vray semblable sentence.
Car lenfant est plain de inconstance.
Et cestuy cy est inuincible.
Au moins a vaincre peu possible.
Et dez que vng cueur tient en surprise:
A peine en rompt lon lentreprise.
Apres lon dit que vng arc il porte.
Et lenfant a main si peu forte/
Que ia nen pourroit vng arc tendre.
Pas pour en scauoir grant coup rendre:
Consequement lon dit quil vole.
Et le vray nye telle parolle:
Car tousiours veult vers lhomme aller.
Et ne va pas fort hault en lair.
Aussi nous congnoissons asses/
Quil na guaires doyseaux blesses.
Puis contraire apparence notte/

ceulx

Liuret des Emblemes de
Andre Alciat.

Ceulx qui dient quil ne voit goute/
Pource que loeil sert a larchier/
A veoir ce/ou il veult lascher.
Et puis laueugle ne commande/
Que de drapeau ses yeulx on bande.
A ces moyens fais contredit/
A tout ce quon a de luy dit.
Et quant a moy/scauoir te fais:
Que amour est vng tresplaisant fais/
Vng labeur/ou lon prent repos:
Maladie en corps bien dispos/
Trauaillant en oysiuete.
Gay en yuer comme en este.
Et puis quil rend ioyeuses larmes
On luy faict auoir en ses armes
La grenade/qui ioye raporte:
En champ de sable qui deul porte.

Ei qui semel sua prodegerit, aliena credi non oportere.

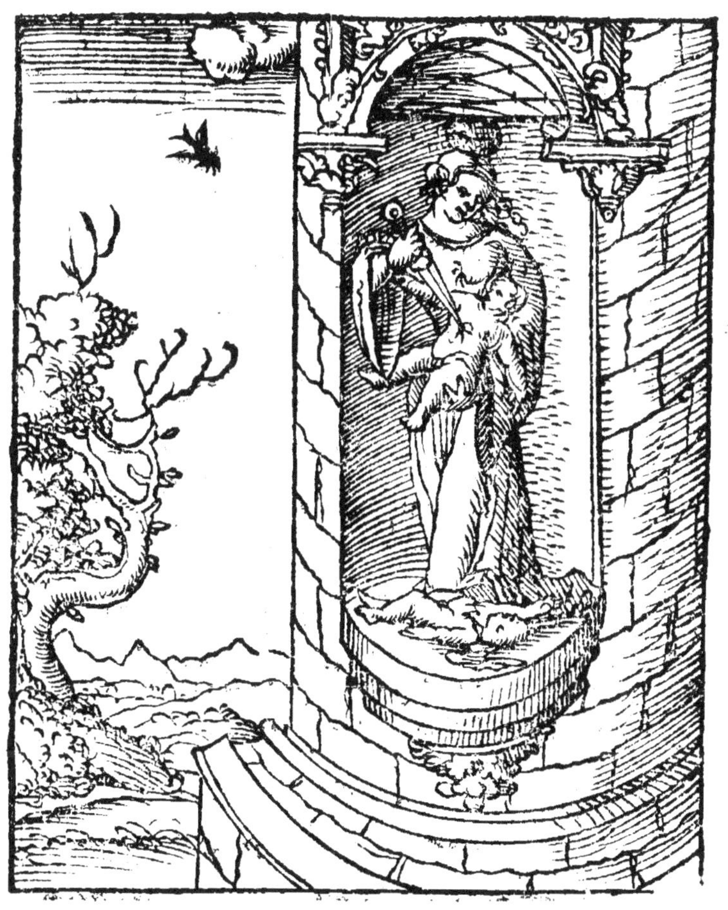

Colchidos in gremio nidum quid congeris? eheu
Nescia cur pullos tam malè credis auis.
Dira parens Medæa suos sæuissima natos
Perdidit, & speras parcat ut illa tuis?

A celluy qui a greue les siens/ ne fault que aultruy se fye.

De prudence ne es pas muny/
Oyselet ie le te veulx dire:
Quant es alle dresser ton nid.
Vers Medee femme pleine de ire.
Lame du corps a son filz tire/
Contre maternelle amytie.
A tes petitz sera bien pire:
Puis que des siens na eu pitie.

Doctos doctis obloqui nefas esse.

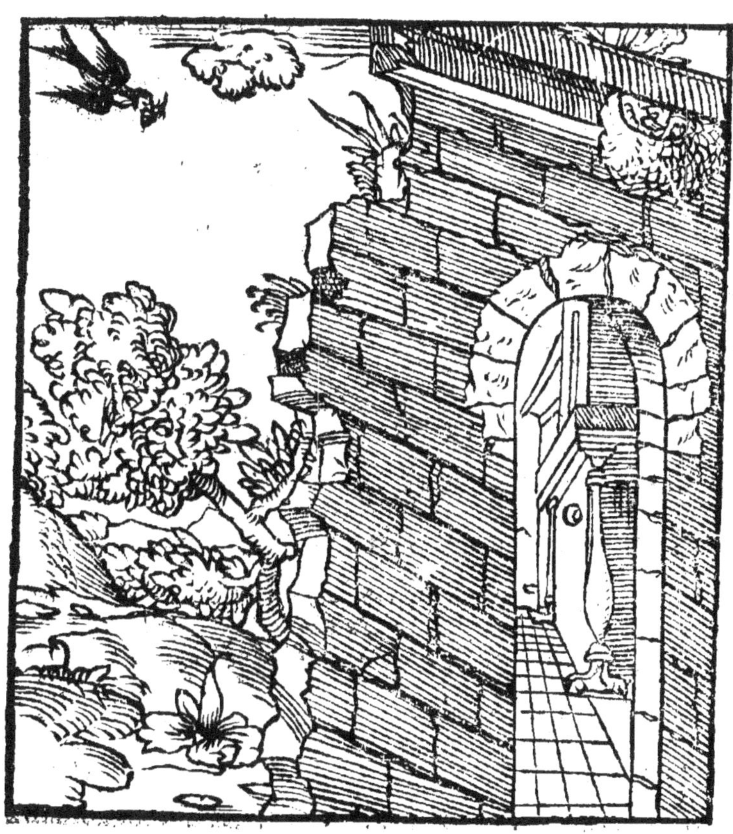

Quid rapis heu Progne uocalem sæua Cicadam,
Pignoribúsque tuis fercula dira paras?
Ac stridula stridulam, uernam uerna, hospita lædis
Hospitam, & aligeram penniger ales auem?
Ergo abijce hanc prædã, nam musica pectora summum
Alterum ab alterius dente perire nefas. (est,

Liuret des Emblemes de
Andre Alciat.

Scauant ne doit contre scauant parler.

Tu as tort petite Arondelle/
De prendre ceste iolye beste/
Que nous appellons saulterelle/
Faisant comme toy bruit & feste.
Comme toy est en printemps preste.
Comme toy vole sans nuysance.
Musique tient train si honneste:
Que lung iamais lautre ne offence.

Mulieris famam non formam uulgatam esse oportere.

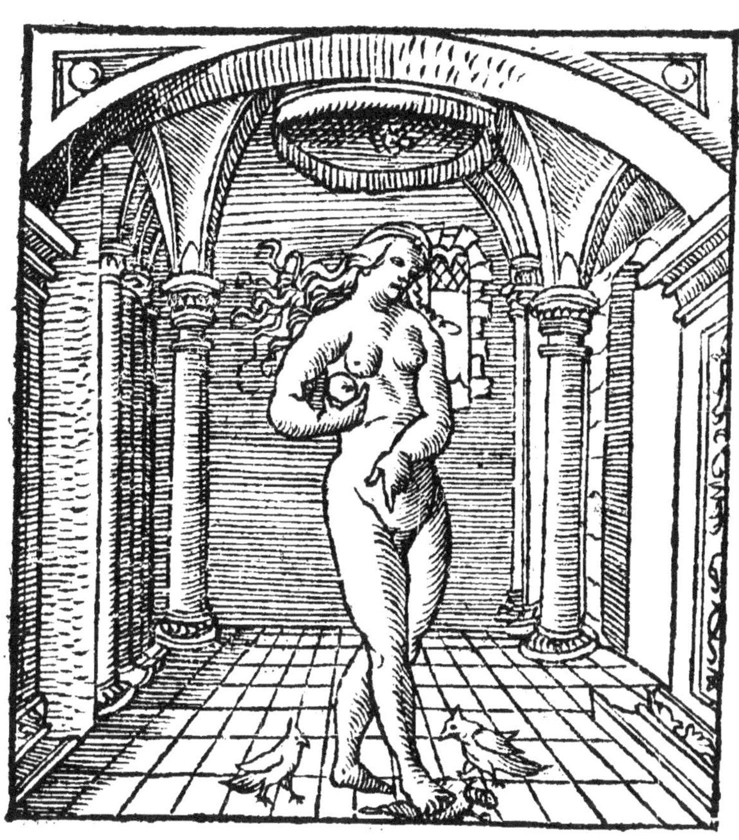

Alma Venus, quænam hæc facies, quid denotat illa
Testudo, molli quam pede diua premis?
Me sic effinxit Phidias, sexúmque referri
Fœmineum, nostra iußit ab effigie,
Quódq; manere domi, & tacitas decet esse puellas,
Supposuit pedibus talia signa meis.

Liuret des Emblemes de Andre Alciat.

La renommee plus que la beaulte de femme est de pris.

Phidias feist vne statue
De Venus dame en volupte.
Soubz ses piedz meist vne Tortue/
Ou les meurs de femme a notte.
La Tortue garde son hostel/
Pour faire voix/ ne ouurant la bouche.
Et tost a teste & piedz boute/
En sa maison/ des quon la touche.

Bonis à diuitibus nihil timendum.

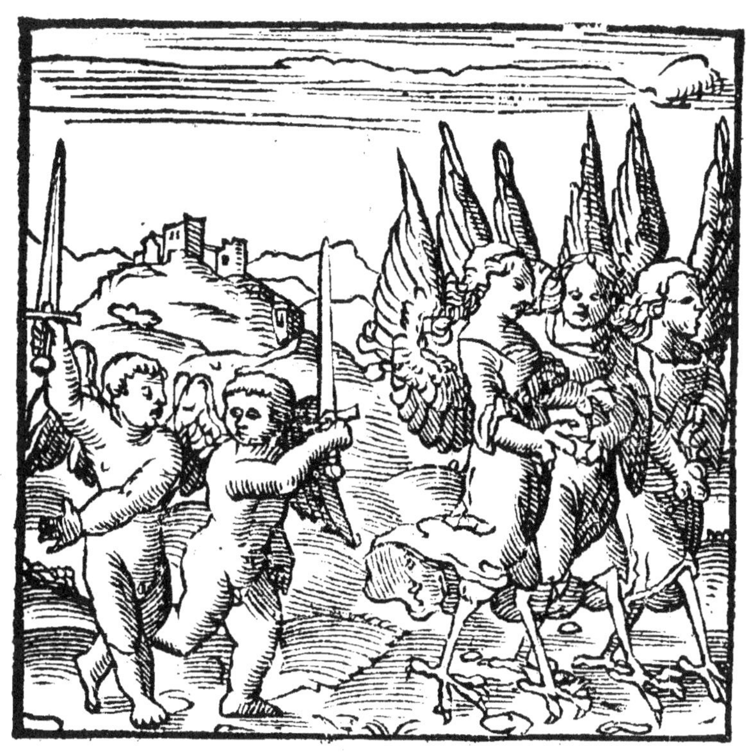

Iunctus contiguo Marius mihi pariete, nec non
Subbardus nostri nomina nota fori.
Aedificant bene nummati, sataguntq; uel ultrò
Obstruere heu nostris undique luminibus.
Me miserum geminæ, quem tanquam Phinea raptant,
Harpyie, ut proprijs sedibus eijciant.
Integritas nostra, atque animus quæsitor honesti,
His nisi sint Zetes, his nisi sint Calais.

Liuret des Emblemes de Andre Alciat.

Bons ne doibuent craindre les riches.

Mes voisins Maire & Subardus/
Ont ia tant hault edifie:
Quilz rendront mes manoirs perdus:
Car mon iour ont rarifie.
Dont ay besoing destre affie/
De Calais & de zetes/
Fors pour Harpies deffier/
Et pour chasser malaises telz.

Consilio & uirtute Chimeram superari, id est, fortiores & deceptores.

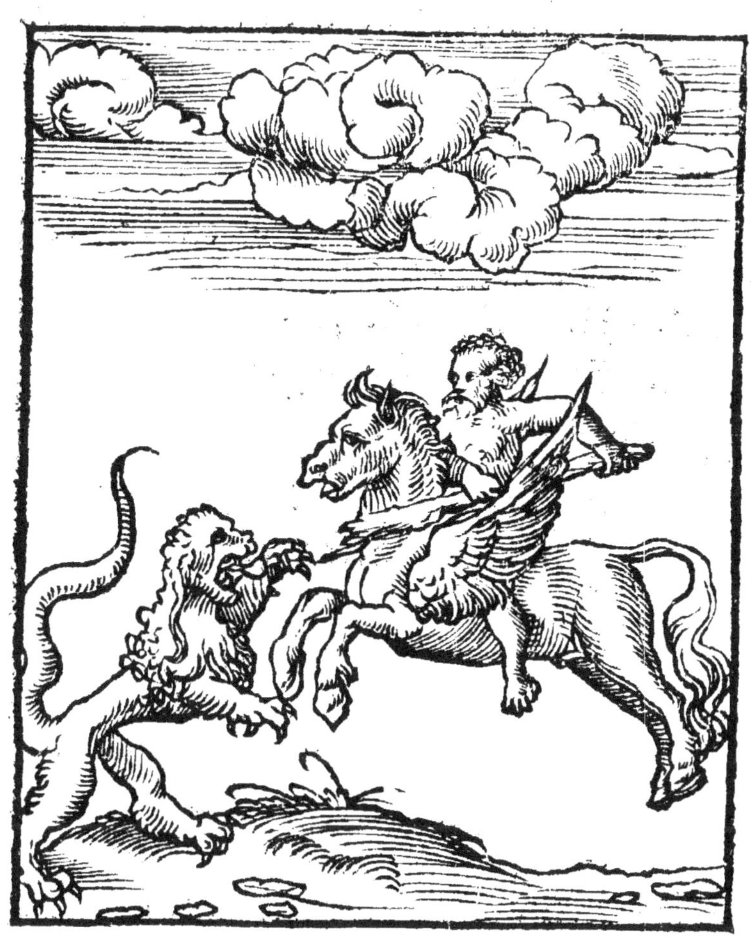

Bellerophon ut fortis eques superare Chimeram,
Et Licij potuit sternere monstra soli:
Sic tu Pegaseis uectus petis æthera pennis,
Consilióque animi monstra superba domas.

Liuret des Emblemes de Andre Alciat.

La Chimere/qui est a dire les fors/& trompeurs sont surmontez par vertus & conseil.

Bellerophon chevalier fort/
Sur Pegasus volant monta:
Faisant par luy si grant effort/
Que la Chimere surmonta.
Celluy qui des assaulx moult a/
Troublans ses esprit & memoire.
Si de bon conseil se acointa/
Tost prent sur telz monstres victoire.

Tumulus Ioannis Galeacij Vicecomitis, primi Ducis Mediol.

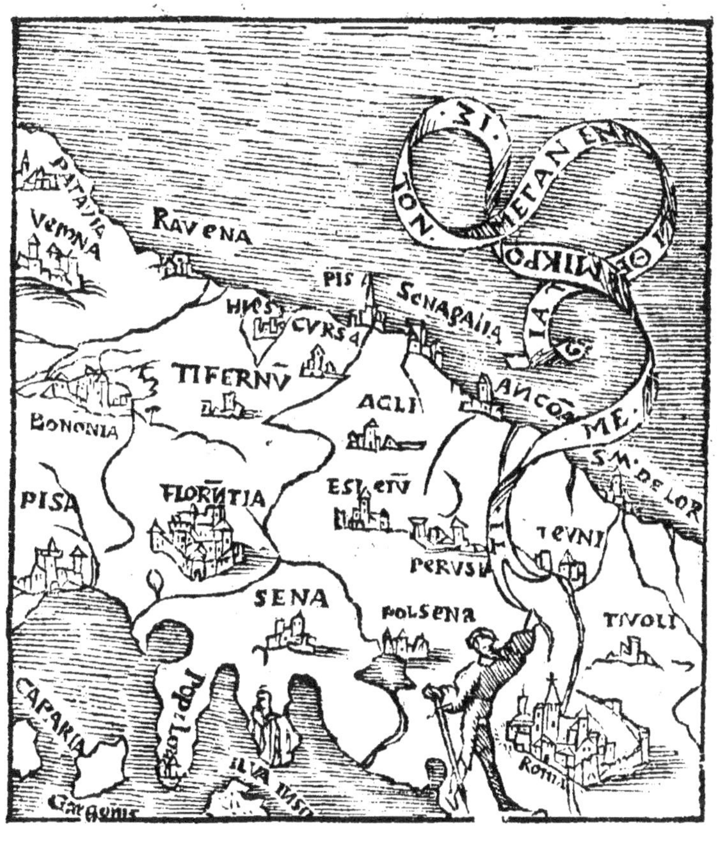

Pro tumulo pone Italiam, pone arma Ducésque,
Et mare quod geminos mugit adusque sinus.
Adde his barbariem conantem irrumpere frustrà,
Et mercede emptas in sera bella manus.
Anguiger ast summo sistens in culmine dicat,
Quis paruis magnum me super imposuit?

Liuret des Emblemes de Andre Alciat.

Au sepulchre du Viconte Galeace.

Qui veult au Duc sepulchre faire/
Quil paigne toute Litalie.
Bataille qui la veult deffaire:
Et rendre du tout abolye.
Puis vng (qui sa force ralye)
Garny dung horrible serpent:
Criant laissez melancolie:
Je suis tout effort dissipant.

Optimus ciuis.

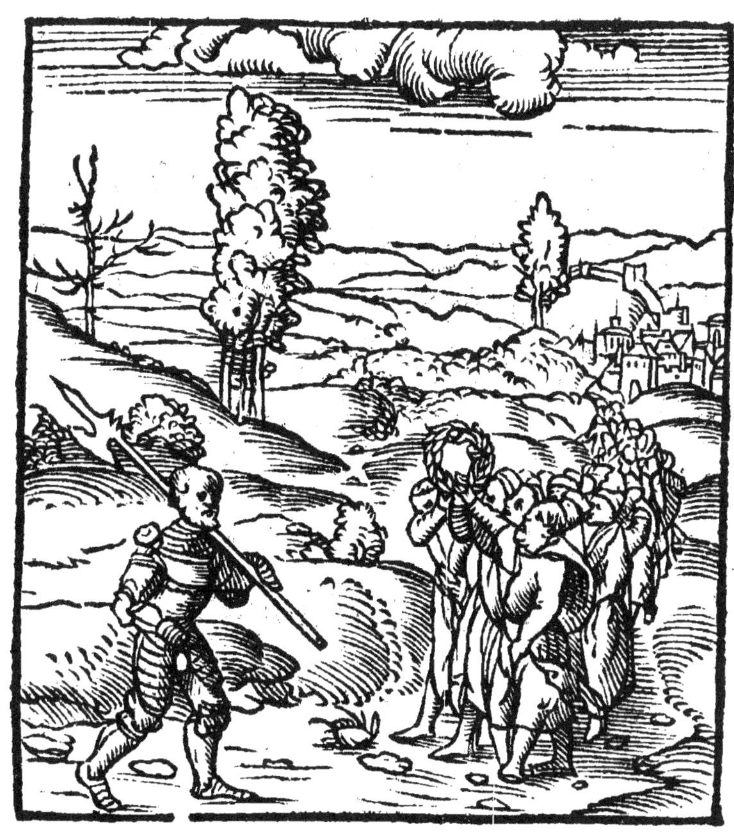

Dum iustis patriam Thrasybulus uindicat armis,
Dúmque simultates ponere quenque iubet,
Concors ordo omnis magui instar muneris, illi
Palladiæ sertum frondis habere dedit.
Cinge comam Thrasybule, geras hunc solus honorem,
In magna nemo est æmulus urbe tibi.

Le bon Cytoyen.

Pource que Thrasibulus peine/
A mettre paix/ & bruit chasser/
De la noble ville de Athene:
Digne est de louange embrasser.
Chascun veult Loliue amasser:
Et luy porter feste faisant.
Duquel honneur il peult passer:
Car nul nen sera desplaisant.

In subitum terrorem.

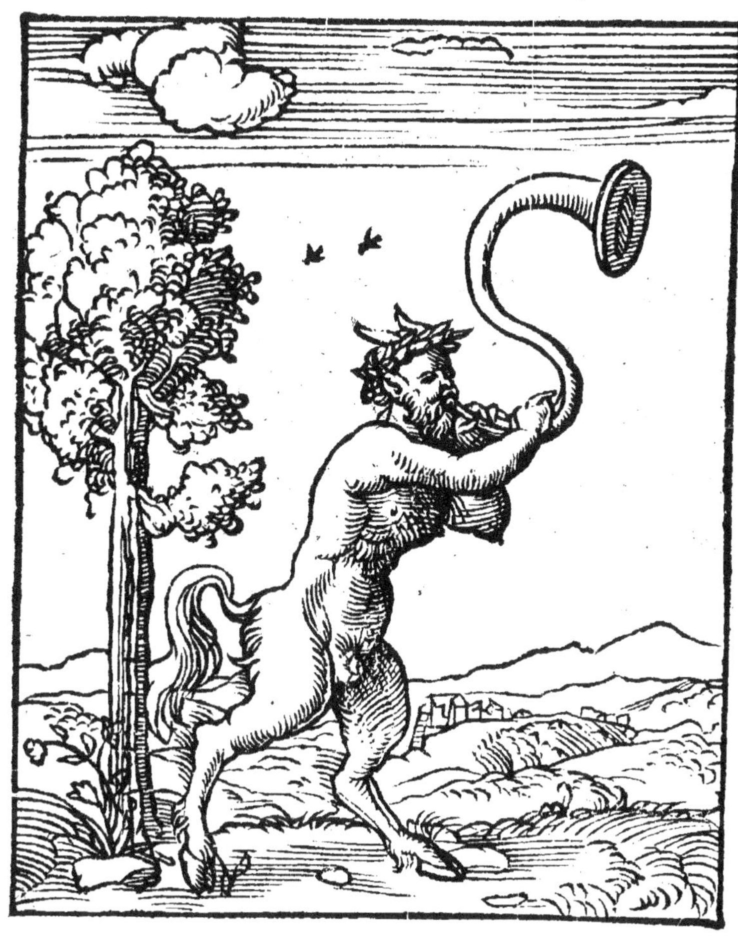

Effuso cernens fugientes agmine turmas,
Quis mea nunc inflat cornua? Faunus ait.

De subite frayeur.

Quant Pan parmy les bois cornoit/
Il faisoit bruit en telle sorte/
Que tous les Tytans estonnoit:
Et faisoit fuyr par cohorte.
De quoy il prenoit gloire forte:
Disant dorgueil & cueur enfle:
Qui est ce qui tel paour & bruit porte?
Qui est ce qui a ainsi souffle?

In adulari nescientem.

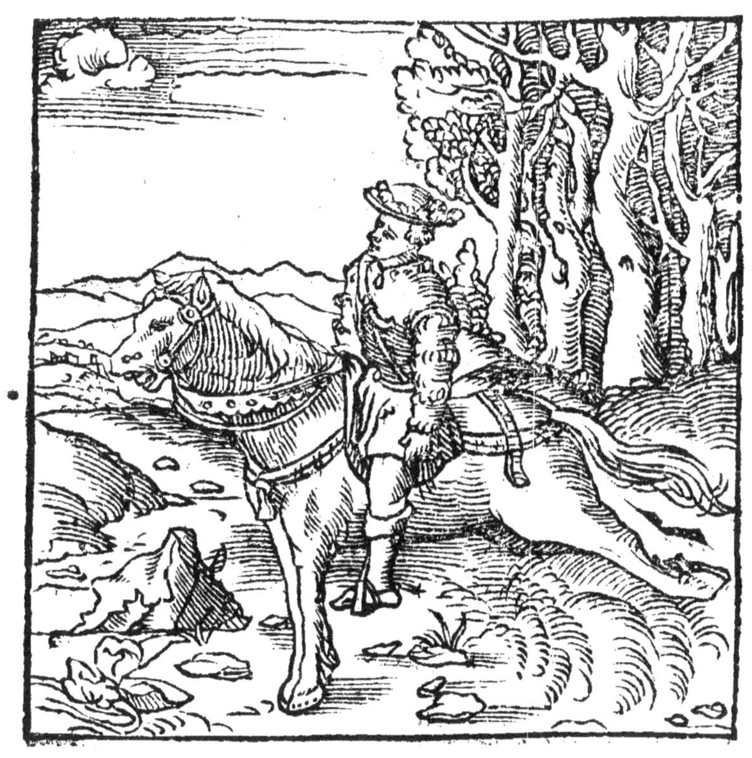

Scire cupis dominos toties cur Thessalis ora
　Mutet, & ut varios quærat habere duces,
Nescit adulari cuiquámue obtrudere palpum,
　Regia quem morem principis omnis habet.
Sed ueluti ingenuus sonipes, dorso excutit omnem,
　Qui moderari ipsum nesciat Hippocomon.
Nec sæuire tamen domino fas, ultio sola est,
　Dura ferum ut iubeat ferre lupata magis.

Liuret des Emblemes de
Andre Alciat.

Cellup qui ne scait flater.

Le peuple de la Thessalie/
Souuent scait de princes changer.
Car de flater na la folye:
Et ne peult viure en tel danger.
Vng cheual se veult descharger/
Quant son maistre par trop le picque.
Vng sieur doibt ses gens solager:
Entre estat rude & iuridique.

Insignia Poëtarum.

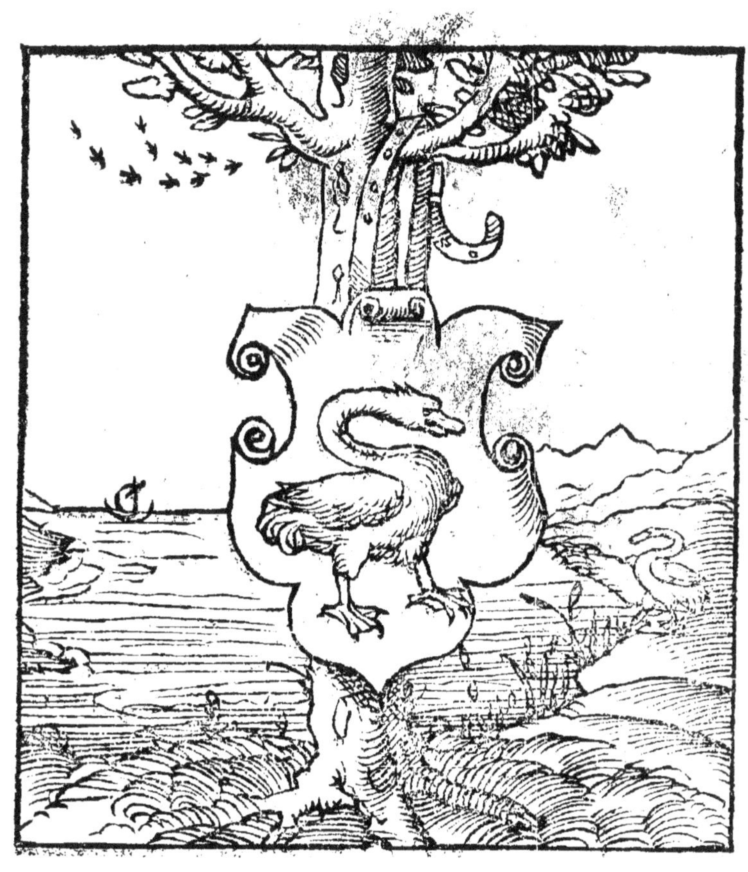

Gentiles clypeos sunt qui in Iouis alite gestant,
Sunt quibus aut serpens aut Leo signa ferunt.
Dira sed hæc uatum fugiant animalia ceras,
Doctáque sustineat stemmata pulcher Olor.
Hic Phœbo sacer, & nostræ regionis alumnus,
Rex olim, ueteres seruat adhuc titulos.

Liuret de Emblemes de Andre Alciat.

Armoyeries des Poetes.

Daulcuns ont en leurs armes Aigles.
Daultres Lyons/ Serpens/ou Foynes.
Mais nous ne tenons point ces reigles:
Ains auons trop plus nobles signes.
Nous Poetes portons le Cygne
De Phebus/oyseau bien chantant.
Sa naissance nous est voysine.
Roy fut. dont est le nom portant.

Musicam dijs curæ esse.

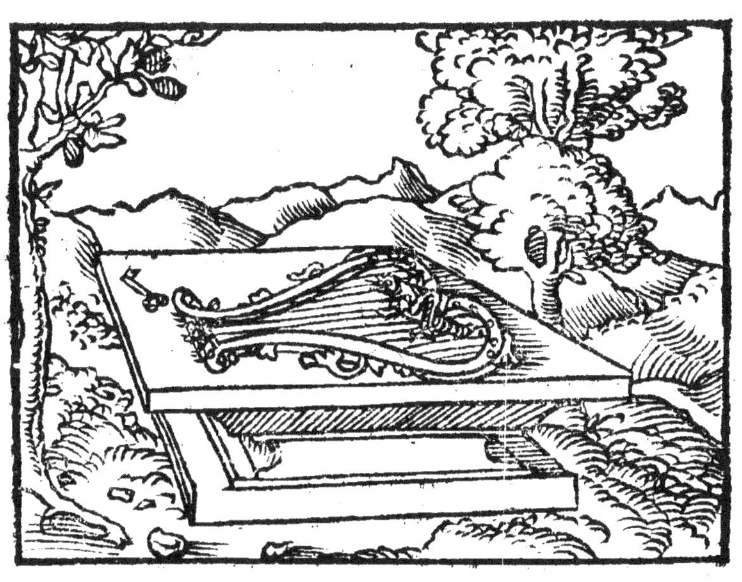

Locrensis posuit tibi Delphice Phœbe cicadam
Eunomus hanc, palmæ signa decora suæ.
Certabat plectro Sparthyn commissus in hostem,
Et percussa sonum pollice fila dabant.
Trita fides rauco cœpit cùm stridere bombo,
Legitimum harmonies & uitiare melos:
Tum citharæ argutans suauis sese intulit ales,
Quæ fractam impleret uoce cicada fidem.
Quæq; allecta, soni ad legem descendit ab altis
Saltibus, ut nobis garrula ferret opem.
Ergo tuæ ut firmus stet honos, ô sancte, cicadæ,
Pro cithara hic fidicen æneus ipsa sedet.

Livret de Emblemes de
André Alciat.

La Musique plaist aux Dieux.

La harpe de Eunomus iouant/
Contre Aristone rompt sa corde.
Veci la Cicade bruyant:
Qui le deffault du son recorde/
Et tant bien au lieu vuyde acorde/
Que Eunomus obtint la victoire.
Si feist en cuyure telle beste orde:
Et l'offre a Phoebus/pour memoire.

In obliuionem patriæ.

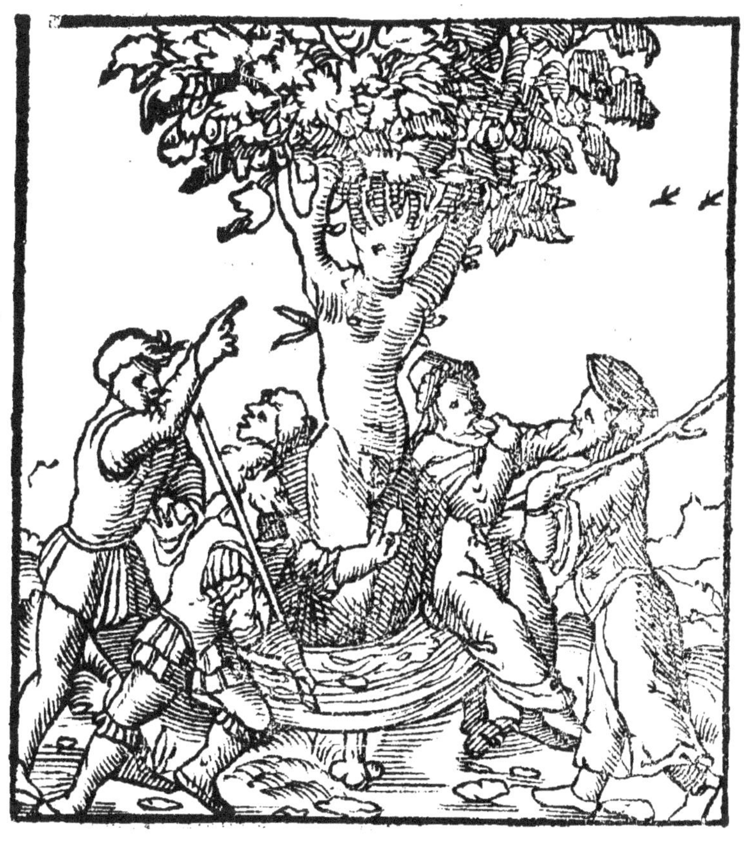

Iam dudum missa patria, oblitusq; tuorum,
Quos tibi seu sanguis, siue parauit amor:
Romam habitas, nec cura domum subit ulla reuerti.
Aeternæ tantùm te capit urbis honos.
Sic Ithacum præmissa manus dulcedine loti
Liquerat & patriam, liquerat atque ducem.

Liuret des Emblemes de Andre Alciat.

Oubliance de son pays.

Depuis que tu te tiens a Romme/
Tu as oublie tes amys/
Et tous tes parens:ainsi comme
Les gens par Ulixes transmis.
Qui furent ainsi que endormis/
Quant du fruict de Loton tasterent:
Et deulx fust tel oubly commis/
Par la doulceur quilz y gousterent.

Vnum nihil, duos plurimum posse.

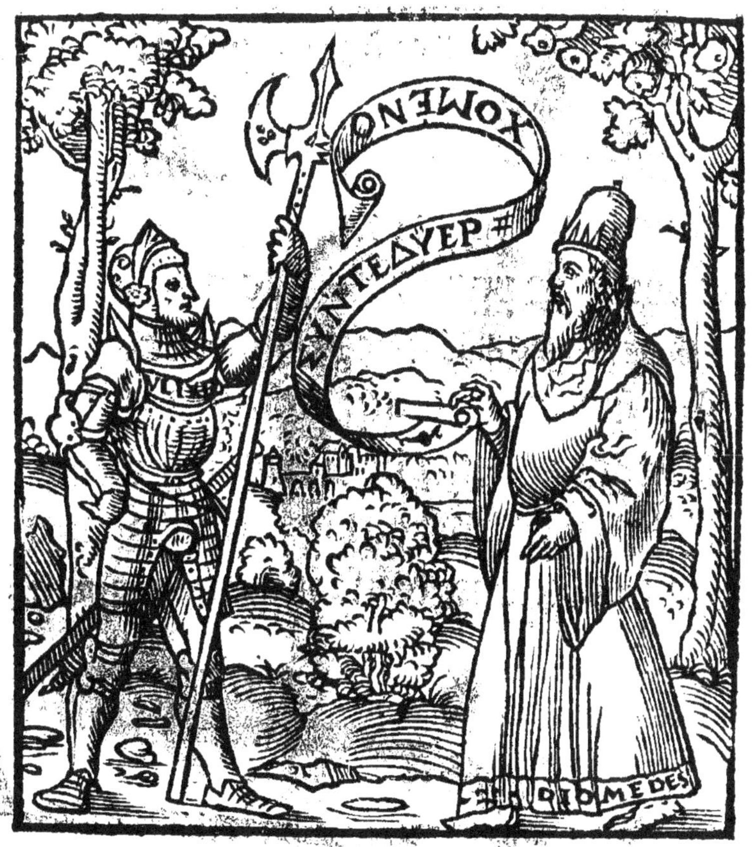

Laërtæ genitum, genitum quoque Tydeos una
Hac cera expreßit Zenalis apta manus.
Viribus hic præstat, hic pollet acumine mentis,
Nec tamen alterius non eget alter ope:
Cùm duo coniuncti ueniunt, uictoria certa est,
Solùm mens hominem, dextráue destituit.

Liuret des Emblemes de Andre Alciat.

Vng nest rien/deux est beaucoup.

Diomedes & Vlixes
Lung fort/lautre plain de prudence/
Furent par zenalis laisses
En vng tableau:pour demonstrance/
Que vng fort homme sans prouidence/
Et le saige/qui nest grant maistre/
Ne font cas de grant euidence.
Pource fault/ces deux ensemble estre.

In Aulicos.

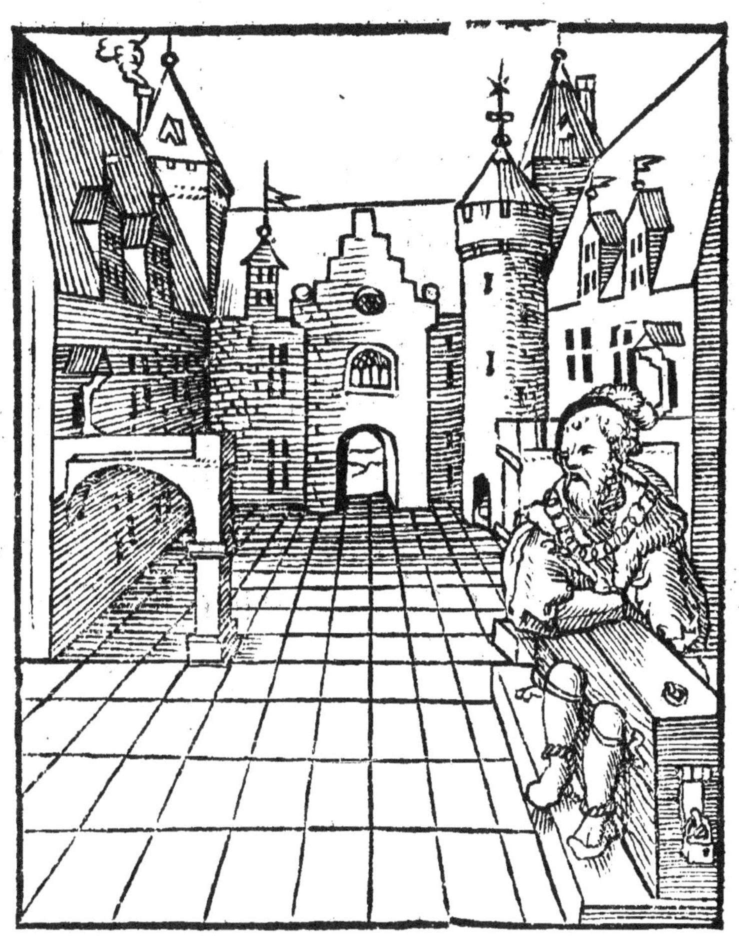

Vana palatinos quos educat aula clientes
Dicitur auratis nectere compedibus.

Contre les Courtisans.

Seruir a la Court bien vestu.
Manger du bon/ boire dautant/
Estre de beau parler battu/
Tout remply despoir quon attend/
Rend le peu saige trescontent:
Comme vng que en chaine dor on lye:
Dont iamais saillir ne pretend:
Et treuue telle prison iolye.

In mortem præproperam.

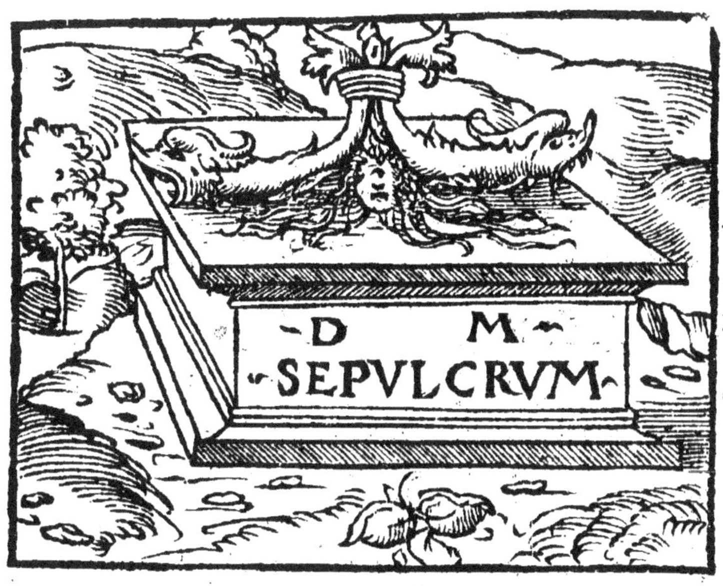

Qui teneras forma allicuit torsitq; puellas
 Pulchrior & tota nobilis urbe puer,
Occidit ante diem, nulli mage flendus Aresti
 Quàm tibi, cui casto iunctus amore fuit.
Ergo illi tumulum, tanti monumenta doloris
 Adstruis, & querulis uocibus astra feris.
Me sine abis dilecte? neque amplius ibimus unà?
 Nec mecum in studijs ocia grata teres?
Sed te terra teget, sed fati Gorgonis ora,
 Delphinésque, tui signa dolenda dabunt.

Contre la Mort hastiue.

Le ieune & noble adolescent/
Qui dames passoit en beaulte/
Est desia mort/ & pourrissant/
Dont tu es bien desconforte.
Sur son tumbeau te es lamente:
Et pour signe de dueil ordonnes/
Que a son sepulchre soit plante/
Deux Daulphins / Vng chef de Gorgonnes.

ἐχθρῶν ἄδωρα δῶρα. *In dona hostium.*

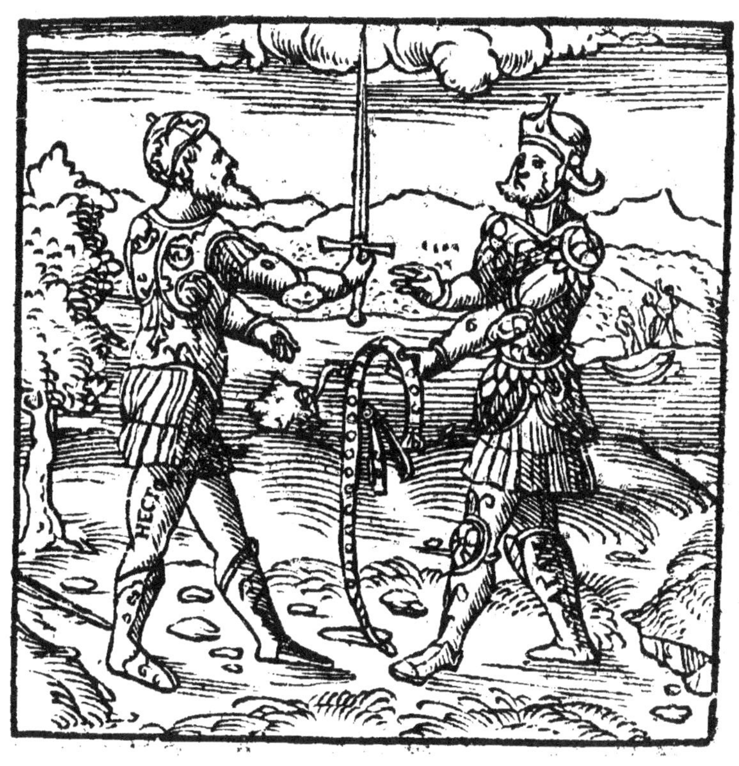

Bellorum cepisse ferunt monumenta uicißim
Scutiferum Aiacem Hectoráque Iliacum,
Balthea Priamides, rigidum Telamonius ensem,
Instrumenta suæ cepit uterque necis.
Ensis enim Aiacem confecit, at Hectora functum
Traxere Aemonijs cingula nexa rotis.
Sic titulo obsequij quæ mittunt hostibus hostes
Munera, uenturi præscia fata ferunt.

Liuret des Emblemes de
Andre Alciat.

Contre les Dons dennemis.

Aiax ⁊ Hector sentredonnent/
Vne espee ⁊ vne ceincture.
Mais telz dõs tresgrãt malheur sonnẽt/
Selon quen aduint laduenture.
Aiax eust de lespee iacture.
Hector en charioy est traine.
Sa corroye tiroit sa voicture.
Ainsi ont contre eulx estrene.

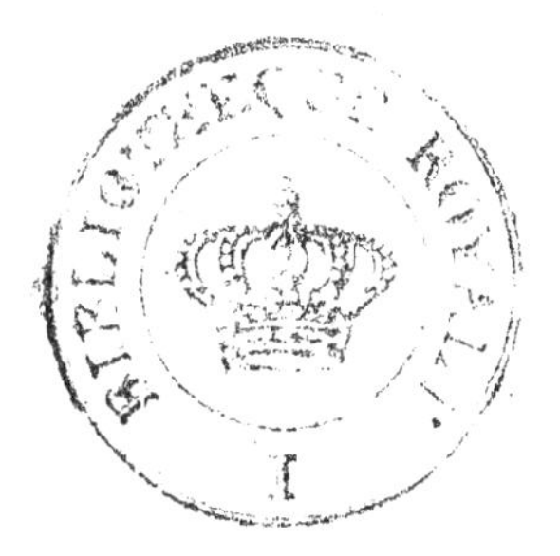

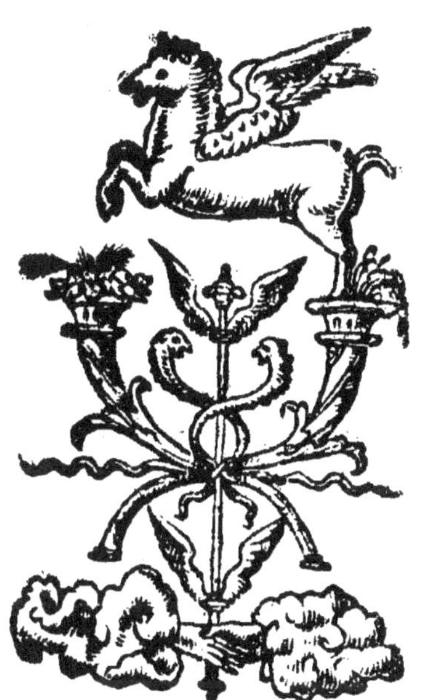

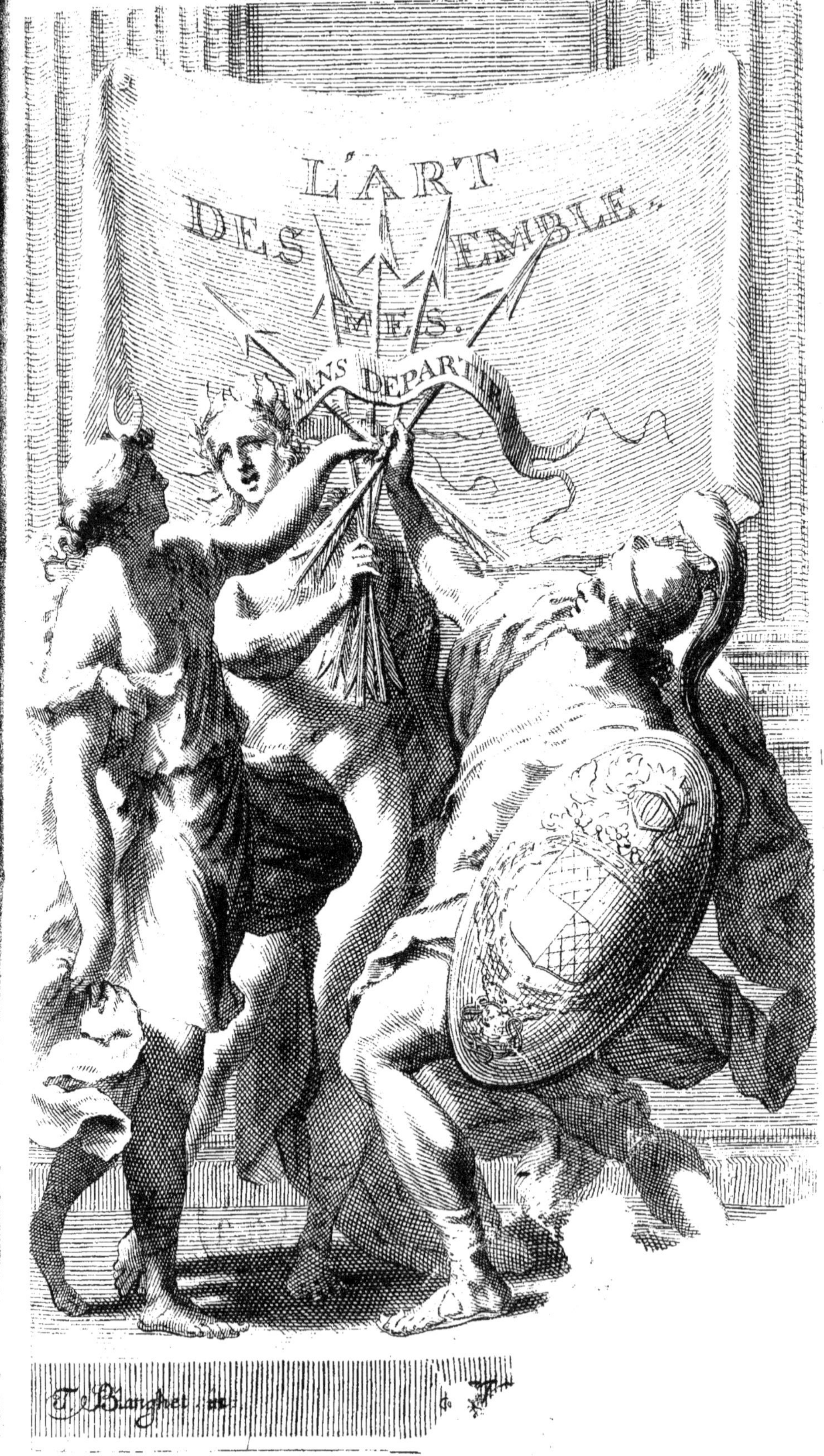
L'ART
DES EMBLE-
MES.
SANS DEPARTIR
T. Blanchet

www.ingramcontent.com/pod-product-compliance
Lightning Source LLC
LaVergne TN
LVHW050513100826
845148LV00002B/322

* 9 7 8 2 0 1 2 5 8 3 8 6 3 *